이노베이터
조선의 4번 타자 이대호가 보여준 '자발적 혁신 10가지'
이 대 호

조선의 4번 타자 이대호가 보여준 '자발적 혁신 10가지'
이노베이터 이대호

초판 1쇄 발행일 2016년 10월 5일

지은이 배우근
펴낸이 박희연

펴낸곳 트로이목마
출판신고 2015년 6월 29일 제315-2015-000044호
주소 서울시 강서구 양천로24길 34, 101-1301
전화번호 070-8724-0701
팩스번호 070-8724-0701
이메일 trojanhorsebook@gmail.com

(c)배우근, 저자와 맺은 특약에 따라 검인을 생략합니다.

ISBN 979-11-87440-14-7 (13190)

이 책은 저작권법에 따라 보호받는 저작물이므로 무단전재와 복제를 금지하며, 이 책 내용의 전부 또는 일부를 이용하려면 반드시 저작권자와 트로이목마의 서면동의를 받아야 합니다. 이 도서의 국립중앙도서관 출판시도서목록(CIP)은 e-CIP 홈페이지(http://nl.go.kr/ecip)와 국가자료공동목록시스템(http://nl.go.kr/kolisnet)에서 이용하실 수 있습니다.(CIP제어번호: CIP2016022265)

* 책값은 뒤표지에 있습니다.
* 잘못된 책은 구입하신 곳에서 바꾸어 드립니다.

이노베이터
조선의 4번 타자 이대호가 보여준 '자발적 혁신 10가지'
이 대 호

INNOVATOR

배우근 지음

트로이목마 TROJAN HORSE

들어가며

새롭게 태어나지 않으면 혁신이 아니다

두 가지 길이 있습니다. 그 길을 가다 보면 즐거운 일도 괴로운 일도 생길 수 있죠. 그런데 첫 번째 길은, 가다가 힘들면 출발한 곳으로 되돌아올 수 있습니다.

하지만 두 번째 길은 한번 들어서면 가지 않을 수 없는 길입니다. '인생'이라고 부르는 길이죠. 다시 되돌아갈 수 없는 우리의 인생길에는 이정표가 없습니다. 혼자 힘으로 끝까지 가야 합니다.

그 인생길 곳곳에는 실패, 고통, 슬픔이 암초처럼 버티며 우리를 힘들게 합니다. 그러나 그 너머에는 희망, 기쁨, 성공이 있습니다. 우리가 걸어가는 길의 모양새는 암초를 만났을 때, 어떻게 도전하고 극복하는지에 따라 달라집니다.

이대호는 한국 프로야구에서 최고의 자리에 올랐습니다. 그는 한국에서의 성공에 만족하지 않고, 일본으로 진출해 그곳에서도 '조선의 4번 타자'로 명성을 떨쳤습니다.

그리고 30대 중반의 나이에 이번엔 미국 메이저리그에 도전합니다. 수백억 원을 주겠다는 일본 프로구단의 러브콜을 뿌리치고, 주전이 보장되지 않는 마이너리그 계약을 하며 고난의 길을 선택하죠.

시작은 초라했습니다. 초청선수 자격으로 시애틀 매리너스의 유니폼을 입었습니다. 초청선수는 스프링캠프라는 한정된 기간 내에 실력을 보여줘야 하고, 그렇지 못하면 아웃입니다. 그러나 대망을 품은 대장부에게 잠시의 굴욕은 아무것도 아니었습니다.

이대호의 한 손에는 꿈을 향한 노력, 다른 손에는 자신에 대한 믿음이 있었습니다. 태평양을 건너간 그에게 시련은 있어도 포기는 없었습니다. 이대호는 돈이 아닌 꿈을 선택했고, 최고의 선수들이 모인다는 메이저리그에서 실력으로 당당하게 인정받았습니다. 그가 걸어간 길은 '도전'하지 않는 그것이야말로 '실패'라고 우리에게 전합니다.

니체는 "인생에서 최대의 성과와 기쁨을 수확하는 비결은 위험한 삶을 사는 데 있다"고 말했습니다. 이대호는 충분히 성공했지만, 더 높은 곳을 향해 도전했고 결국 해냈습니다. 백업의 신분으로 시작해 경쟁자들을 누르고 주전 자리까지 차지하는 놀라운 여정은 우리에게 도전의 의미를 다시 생각하게 합니다.

오프라 윈프리는 "실패해도 다시 도전하라"고 말하면서 "넘어져본 적이 없는 사람은 단지 위험을 감수해본 적이 없는 사람일 뿐이다"라고 했습니다. 넘어지기를 두려워하면 멀리까지 달려갈 수 없습니다.

인생은 다시 되돌아갈 수 없는 길입니다. 한번 사는 인생이죠. 인생의 패자는 넘어지면 뒷자리를 보거나 하늘을 보며 한탄합니다. 반면 인생의 승자는 일어나 앞을 바라봅니다.

잔에 물이 절반 정도 차 있을 때, 긍정적인 사람은 아직 반이나 차 있다고 보고, 부정적인 사람은 반밖에 남지 않았다고 투덜거립니다. 낙관론자는 잔을 채우고 있고, 비관론자는 잔을 비우고 있기 때문입니다.

이대호는 긍정의 마인드와 함께 '혁신'으로 무장해 무수히 많은 난관을 돌파했습니다. 그가 보여주는 성공의 핵심은 바로 '혁신'에 있다고 말하고 싶습니다.

혁신은 '가죽을 새롭게 한다(革新)'는 뜻입니다. 사전을 찾아보면 '묵은 풍속, 관습, 조직, 방법 따위를 완전히 바꿔 새롭게 한다'라고 설명되어 있습니다. 면모를 일신한다는 뜻의 '혁신'은 털이 뽑히고 가죽이 벗겨지는 짐승의 고통과 용맹한 사냥꾼의 지략까지 동시에 품고 있습니다.

또한 혁신은 일종의 창조입니다. 껍질을 벗겨 무두질하는 과정이 고통인 것처럼 새로운 길을 만들어가는 것에는 수많은 저항과 고초가 따릅니다.

먼저 혁신하려는 자신의 마음부터 '적당히 하자'고 저항합니다. 주변의 만류와 비웃음도 혁신으로 가는 발목을 잡습니다. 혁신을 통해 새로운 패러다임을 창조하는 건 그래서 어렵습니다. 그러나 새롭게 태어나지 않으면 혁신이 아닙니다.

권력자와 지위가 높은 사람처럼 많이 가진 사람이 변화를 더 거부합니다. 저항의 정도가 강하고 고통은 멀리하려 합니다. 그들은 현재 체제를 유지하려고 애를 쓰는 편이죠. 그래서 익숙하고 편안한 것과의 이별을 반대하고 낯선 도전에 수동적입니다. 변화를 선택하면 지금까지 일군 성공이 물거품이 될 수 있고, 혁신한다고 해서 성공한다는 보장이 없다는 점은 더 큰 저항을 부릅니다.

이대호는 한국과 일본 프로야구에서 최고의 권력자였습니다. 그는 메이저리그에 도전하기 전에 이미 아시아 정상에 오른 성공한 야구인입니다. 굳이 미국까지 진출하지 않아도 충분히 인정받고 만족하며 살 수 있는 수준에 도달했죠.

그러나 그는 성공 확률이 낮은 가시밭길로 걸어 들어갔습니다. 전력분석을 마친 익숙한 상대가 있는 한국과 일본이 아닌, 상대해보지 않은 수많은 고수들이 넘쳐나는 새로운 대륙으로 방망이 하나 들고 떠났습니다. '이 정도면 성공했다'라는 익숙함을 스스로 철폐했습니다. 그리고 고를 수 있는 여러 카드 중에서 가장 실천하기 어렵다는 혁신의 카드를 한 치 망설임 없이 뽑았습니다.

앞에서 인생의 두 가지 길을 이야기했습니다. 퇴로가 없는 인생길에 두 부류의 사람이 있는데요. 바로 혁신하려는 자와 그렇지 않은 자로 구분할 수 있습니다.

우리네 인생을 두고 통장과도 같다고 합니다. 그 통장에는 돈이 아닌 시간이 들어 있습니다. 살아가면서 돈을 인출하듯 시간을 조금씩 사용합니다. 잔고가 '0'이 되면 인생은 마무리됩니다.

그런데 시간이 담긴 통장에 찍히지 않는 게 있습니다. 그것은, 선택하는 의지입니다. 우리의 의지는 '적당히'나 '대충'을 선택해 쓸 수 있습니다. 그것은 쉬운 길입니다. 그러나 우리의 의지는 '도전'과 '혁신'을 용기 있게 고를 수도 있습니다. 그것은 쉽지 않은 길입니다.

이대호는 끝이 있는 한정된 삶에서 우리가 무엇을 선택해야 가치 있는지를 보여주었습니다. 그는 통장에 찍혀 있는 시간 속에서 무엇을 선택하는지에 따라 인생이 달라진다는 사실을 증명하고 있습니다. 이것이 바로 이대호가 '이노베이터' 즉, '자발적 혁신가'라는 증거입니다.

 차례

들어가며　새롭게 태어나지 않으면 혁신이 아니다　　　　　　5

Chapter 1　장부에게 굴욕은 아무것도 아니다

- 메이저리그의 러브콜과 냉정한 계약조건　　　　　　　　17
- 빅보이의 '빅 드림 컴 트루'(Big Dream Come True)　　　20
- 메이저리그 시범경기 첫 홈런, 꿈으로 향하는 등대　　　23
- 실력이 있다면 잠시의 굴욕은 아무것도 아니다　　　　　27
- 깊은 바다 너머에 펼쳐진 대륙을 보다　　　　　　　　　31
- Box　이대호, 메이저리그 한국인 대타 끝내기 1호 홈런　35

Chapter 2　자신을 믿어야 한다

- 꿈을 향한 노력, 그 에너지는 자신감　　　　　　　　　　39
- 이대호의 꿈을 실현시킨 절대무기, 인사이드아웃 스윙　41
- 곰 같은 거구지만 유연함은 내가 최고!　　　　　　　　45
- 이대호의 유별난 자신감　　　　　　　　　　　　　　　　47
- 무하마드 알리, "자신을 믿어라"　　　　　　　　　　　　50
- 최고라는 자부심이 있어야 무대에 오를 수 있다　　　　52
- Box　이대호와 최경주　　　　　　　　　　　　　　　　　55

Chapter 3 고난은 나의 힘, 좌절하지 않는다

- 투수에서 타자로, 첫 번째 시련을 극복한 이대호   60
- 변화와 진화, 타자에서 홈런 타자로   63
- 가장 힘들었던 시련을 이겨내고 최고의 타자로 우뚝서다   66
- 고난은 있어도 포기는 없다   70
- Box 세계 야구 역사의 홈런 레전드, 왕정치와 베이브 루스   74

Chapter 4 좋은 경쟁자는 훌륭한 자극이다

- 추신수, 이대호를 야구로 이끌다   79
- 이대호 vs. 추신수, 라이벌 열전   82
- 세계청소년 야구선수권 출전, 비밀병기 이대호   84
- 82년생 야구 천재들과 이뤄낸 생애 첫 금메달   87
- 마침내 빅리그에서 만난 이대호와 추신수   91
- 오랜 친구는 가장 좋은 거울이자 자신의 성공을 가늠하는 잣대   94
- Box 투수출신이 타자로 성공할 수 있는 이유   98

Chapter 5 초심을 잃지 않는다 _이대호를 만든 두 여인

- 성공을 향한 초심의 근원, 할머니   104
- 후배 폭행 사건, 더욱 야구에 전념하게 되다   108
- 할머니의 죽음, 방황하던 이대호를 다시 일으켜 세운 할머니의 유품   111
- 할머니를 기리는 연탄 봉사와 등번호 25번   114
- 평생의 동반자가 된 여인과의 첫 만남   117
- 결혼을 결심하게 된 무릎 수술과 오줌통 사건   121
- 결혼과 자녀의 탄생, 이대호에게 최고의 보약   125
- Box 일어나지 못한 故임수혁   130

Chapter 6 긍정적 사고가 나를 더 강하게 만든다

- '까칠해도 괜찮아, 초긍정 츤데레' 이대호의 자신감 136
- 절대 기죽지 않아! 다이죠부와 오케이 140
- 제리 로이스터 감독의 한마디, 이대호를 깨우다 142
- Box 이치로의 의무감과 자기 관리 146

Chapter 7 큰 무대에서 큰 교훈을 얻는다

- 국가대표팀은 곧 배움의 장(場) 152
- 베이징 올림픽 금메달, 멘토 이승엽과 함께 154
- 새로운 영웅이 탄생하다 156
- Box 이대호, 국민타자 이승엽의 도전 정신을 이어받다 159

Chapter 8 결정적인 순간을 놓치지 않는다

- 팀의 4번 타자 이대호, 해결사로 성장하다 164
- 이대호의 스타 기질, 150미터 장외 홈런! 167
- 알짜 홈런왕 이대호, 역대 가장 낮은 삼진 비율 홈런왕 171
- 일본에서의 책임감과 결정적 순간 176
- 순간을 놓치지 않는다. 그 안에 인생을 바꾸는 결정적 순간이 있다 180
- Box 130미터에서 150미터로 183

Chapter 9 돈보다 꿈을 선택한다

- 실력만큼 인정받고 싶다 188
- 새로운 도전, 돈보다 꿈이 먼저다 192
- 넘치는 승부욕, 돈과 자리보전보다 도전을 택하다 194
- 어항 속의 피라미가 될 것인가, 바다를 누비는 큰 물고기가 될 것인가 196
- Box 재팬 머니 아닌 꿈과 명예를 선택 200

Chapter 10 큰 그림을 그리고 단계적으로 실행한다

- 롤모델을 바라보며 한 단계씩 허들을 넘다 206
- 야구선수로서의 마지막 꿈의 무대를 밟다 209
- 위기를 기회로 바꾼 일주일의 마이너리그행 213
- 도전하지 않는 것이 곧 실패다 215
- Box 나만의 필살기 218

나오며 오늘도 꿈을 향해 타석에 들어서는 이노베이터 이대호 선수에게 220
감사의 글 223

이대호 선수 한·일 프로야구 통산 성적 224

Chapter 1

장부에게 굴욕은
아무것도 아니다

"그건 할 수 없어"라는 말을 들을 때마다 나는 성공이 가까웠음을 안다.
_ 마이클 플래틀리

인생을 가리켜 흔히 한 권의 책이라고 한다. 그 책 속에 사랑과 도전이 없다면 재미없고 밋밋할 것이다. 대충 읽고 휘리릭 넘겨버릴 것이다. 야구로 치면, 어떻게든 살아나가기 위한 번트 시도조차 없는 자포자기 경기와 같다. 사랑은 너무 당연한 것이니 논외로 치고, 인생을 재미있고 의미 있게 만드는 것은 무엇일까? 그것은 바로 도전이며, 도전이 없다면 당연히 성공과 실패도 없다.

  사람은 도전하고 실패하고 다시 도전하는 과정을 통해 후회 없는 삶으로 향한다. 때로는 굴욕을 당하고 자존심에 상처 받으며 눈물도 흘릴 것이다. 삶의 마지막 순간에 다다르면 많은 돈을 벌고 높은 지위에 오른 것은 중요하지 않다. 내가 어떤 사람이었는지가 중요할 뿐이다. 그건 얼마나 치열하게 도전하며 살아왔는가가 기준이 된다.

시인 류시화는 "살고(live), 사랑하고(love), 웃고(laugh), 배우라(learn)"고 했다. 그것이 우리가 존재하는 이유이기에 "삶은 하나의 모험이거나 그렇지 않으면 아무것도 아니다"라고 했다. 그래서 시인은 "지금 이 순간 가슴 뛰는 삶을 살지 않으면 안 된다"라고 노래했다.

메이저리그의 러브콜과 냉정한 계약조건

● ● ● 2016년 1월말이 되자, 시애틀 매리너스 구단은 본격적으로 움직이기 시작했다. 필라델피아 필리스를 비롯한 몇몇 구단에서 이대호를 영입하기 위해 움직인다는 정보가 입수됐다. 더 이상 미적거리다가는 놓칠 수 있었다. 또한 일본 프로구단 소프트뱅크에서는 이대호를 향해 여전히 강력한 러브콜을 보내고 있었다.

시애틀에는 좌타자 애덤 린드가 주전 1루수로 자리 잡고 있었다. 그러나 그는 좌완 투수에게 치명적 약점을 가지고 있는 선수다. 백업 멤버로 헤수스 몬테로, 스테판 로메로 등이 있지만, 아직 확실한 믿음을 주지 못했다.

그러나 일본 프로야구 MVP 출신 이대호는 달랐다. 치열한 내부 경쟁을 이겨내고 구단 전력을 끌어올릴 매력적인 재목이라는 판단이 섰다. 콘택트 능력이 뛰어난 장타자이며 유연한 수비 능력을 갖추고 있다는 점까지 충분히 파악하고 있었다.

제리 디포트 단장을 비롯한 시애틀 구단 수뇌부는 스카우트 보고서를 통해 이대호의 기량과 실력에 대해 이미 수년간 확인 과정을 거쳤다. 동영상을 통해 2015시즌 일본 소프트뱅크에서 플레이하는 모습도 꼼꼼하게 살펴보았다.

한편 태평양 너머 이대호를 애타게 부르는 목소리는 점점 커졌다. 일본 소프트뱅크의 고토 요시미츠 사장 겸 구단주는 〈스포츠닛폰〉과의 인터뷰에서 이대호에게 "연봉 5억 엔 이상의 다년계약"을 제시했다. 또 〈스포츠 후지〉는 "소프트뱅크가 3년 총액 18억 엔의 새로운 조건을 준비 중"이라는 기사를 내보내며 이대호의 컴백을 기대했다. 이처럼 재팬시리즈 3연패를 달성하기 위해 소프트뱅크가 이대호에게 거는 기대는 절대적이었으며, 그를 잔류시키기 위한 노력은 진행형이었다.

시애틀 구단에서도 내부적으로 이대호 영입이 최종 결정났다. 이제 남은 것은 '조선의 4번 타자' 이대호의 결단이었다. 시애틀 구단은 이대호가 메이저리그에 진출하고 싶어 하는 열망이 크다는 점에 기대를 걸었다. 그리고 얼마 후, 이대호와 메이저리그 시애틀 매리너스의 계약 소식이 뉴스를 탔다.

현실은 냉정했다.

34세라는 적지 않은 나이, 큰 몸집으로 인한 부상 우려와 수비에 대한 미심쩍은 눈길. 이대호는 일본 최고 대우를 마다하고 꿈을 선택했지만, 시애틀이 내놓은 계약은 기대에 미치지 못했다.

이대호는 2016년 2월 4일 시애틀 매리너스와 1년간 총액 400만 달러의 스플릿 계약에 합의했다. MLB닷컴은 "시애틀이 계약조건을 공개하지 않았지만 이대호가 메이저리그에 입성하면 최대 400만 달러를 받을 수 있다. 주전 1루수인 좌타자 애덤 린드와 함께 백업 우타자 이대호는 플래툰 시스템을 구축할 수 있다"며 계약 내용과 백업이라는 점을 부각시켜 보도했다.

스플릿 계약은 소속에 따라 연봉에 차이가 발생한다. 즉 선수 신분에 따라 대우가 천지차이가 된다. 개막전 25인 로스터에 들어가 옵션을 채우면 총액 400만 달러를 받을 수 있다. 그러나 마이너리그로 떨어지면 연봉도 절반 이하로 급격히 떨어질 수 있다.

또한 지명타자를 내정 받고 미네소타에 입성한 박병호나 볼티모어의 외야 한 자리를 보장받은 김현수와는 처한 현실이 달랐다. 시애틀에는 1루수 애덤 린드뿐 아니라 그를 백업하는 자원이 줄줄이 대기 중이었다.

낯선 메이저리그에서 34세의 루키가 넘어야 할 산은 높고 험했다. 애리조나에 위치한 시애틀의 스프링캠프에 초청선수로 가서, 밑바닥부터 시작해야 하는 현실이 기다리고 있었다.

계약 기간은 1년. 만약 빅리거로 성공적인 한 시즌을 보내면 그 다음 시즌에는 대박을 기대할 수 있었다. 그러나 스프링캠프에서 존재감을 보여주지 못해 마이너리그로 강등되면 초라한 연봉을 받게 되고 향후 잔류조차 장담할 수 없는 불투명한 상황이었다.

이대호가 시애틀과 1년 계약을 맺자 그의 친정팀인 일본 프로구단 소프트뱅크의 구도 기미야스 감독도 태평양 너머에서 한숨을 내쉬었다. 소프트뱅크는 이대호가 메이저리그 진출을 선언한 뒤에도 미련을 버리지 못하고 줄기차게 러브콜을 보냈다.

그러나 이대호가 소프트뱅크에서 제시한 금액보다 낮은 금액에 메이저리그 계약도 아닌 마이너 계약을 맺자, 못내 아쉬웠다. 기미야스 감독은 "이대호가 없는 것은 아프다"라고까지 말하며 가슴을 쳤다.

빅보이의 '빅 드림 컴 트루'
(Big Dream Come True)

● ● ● 한국과 일본 프로야구를 평정한 조선의 4번 타자가 '야구 인생의 마지막 꿈'인 메이저리그 진출을 선택하며 나쁜 카드를 뽑은 것에 대한 반대 여론이 일었다. 굴욕적인 계약이라며 국내 언론이 연일 보도했고, 이대호를 사랑하고 응원하는 팬들의 여론은 들끓었다. 이대호는 마치 실패가 예고된 무대에 올라가는 듯했다. 팬들은 빅보이가 좁디좁은 바늘구멍을 통과해야 한다는 사실

에 낙담했다. 그러나 우리는 몰랐다. 그 모든 것을 뒤집는 비장의 카드가 이대호에게 있다는 것을.

나이 스무 살의 이대호는 프로선수가 되자마자 투수에서 타자로 전향해야 했고 무리한 다이어트와 훈련으로 무릎 수술을 받았다. 그리고 난관을 이겨낼 때마다 시련은 모습을 바꿔가며 계속 찾아왔다. 그러나 그때마다 이대호는 다시 일어났다. 절대 포기는 없었다. 허들에서 넘어져도 결코 멈추지 않았고 매 경기마다 결승라인을 통과했다.

이대호는 어린 시절 엄마가 떠나가면서 할머니 손에 자랐다. 어린 나이였지만, 시장에서 노점을 하며 고생하는 할머니를 보며 약속했다. 그리고 자신의 잘못 때문에 할머니가 고개 숙이는 장면을 기억하면서 다짐했다. 할머니를 힘들게 하지 않을 것이며 고개 숙이지 않게 만들겠다고. 반드시 보란 듯 성공해 호강시켜드리겠다고.

그러나 이대호가 고등학교 때, 가장 큰 버팀목이었던 할머니가 돌아가셨다. 약속드린 호강도 못 누려보고 눈을 감았다. 이대호는 깊은 방황에 빠졌다.

그러나 이대호는 방황을 끝내고 할머니와 가족을 위해 다시 일어났다. 더 힘을 냈다. 이대호가 한국과 일본을 넘어 '별들의 무대'라고 불리는 미국 메이저리그에서도 성공한 이유는, 힘들수록 더 강해졌기 때문이다. 할 수 있다는, 이겨낼 수 있다는 자신감은 이대호가 가지고 있는 최고의 힘이다. 그리고 한 가정의 가장이 된 이대호에게 부인 신혜정 씨와 두 아이는 그에게 가장 큰 힘을 주는 원동력이 되었다.

그리고 이대호를 꾸준히 자극하는 경쟁자가 있었다. 코흘리개 시절, 자신을 야구의 길로 인도한 친구 추신수. 그는 먼저 미국 프로야구에 진출해 오랜 기간 마이너리그에서 눈물 젖은 빵을 먹었다. 그리고 이대호의 미국 진출에 앞서 7년 1억 3,000만 달러라는 대형계약을 터뜨리며 빅리거로 먼저 자리를 잡았다. 초등학교에서는 팀 동료로, 고등학교 시절엔 경쟁자로 우정을 나눴던 추신수는 이대호를 메이저리그로 이끈 또 다른 추진력이다.

이대호는 일본 소프트뱅크 호크스의 엄청난 러브콜을 마다하고 미국 시애틀 매리너스와 마이너리그 계약을 하며 꿈에 그리던 미국 땅을 마침내 밟았다. 그러나 신인으로 가장 밑바닥에서 시작해야 하는 이대호가 과연 메이저리그에서 제대로 성공할지, 또한 그곳에서 최고 몸값을 자랑하는 추신수와 대결할 수 있을지…….

2016년 봄, 그 모든 것에는 아직 물음표가 붙어 있었다. 물음표를 느낌표로 바꾸는 방법은 하나뿐이었다. 이대호는 자신의 선택에 대한 세간의 수런거림을 잠재우고 소프트뱅크가 제시한 금액 이상의 성과를 만들어내야 했다.

메이저리그 시범경기 첫 홈런,
꿈으로 향하는 등대

● ● ●　기회가 오면 놓치지 않는다. 그것은 성공의 첫 번째 덕목이다. 멍석을 깔아줘도 당황하고 이용하지 못하면, 그 기회는 사라진다. 기회라는 건, 언제나 조용하게 왔다가 늘 쏜살처럼 사라지기 마련이다.

그러나 이대호는 기회가 오면 신명나게 방망이를 휘둘렀다. 그의 클러치 능력은 장소를 가리지 않았다. 한국과 일본뿐 아니라 미국에서도 여지없었다. 애당초 백업의 신분이라 극심한 스트레스를 받는 상황이지만, 정작 본인은 전혀 개의치 않고 시작부터 경쾌하게 팡팡 안타와 홈런을 때려냈다.

보이는 덩치와 달리 이대호는 '한 방'만 노리는 타자가 아니다. 정교한 타격에 능하다. 남들이 다 알아주는 장타라는 주무기에, 필요한 순간 꺼내 쓸 수 있는 정밀타격이라는 비밀무기까지 보유한 선수다. 미국에서 보여준 데뷔 경기 첫 안타와 끝내기 홈런은 이대호의 그런 능력을 증명하는 자리였다.

어렵게 시작한 이대호에게 마련된 기회는 적었다. 그러나 그는 좁게 열린 기회의 문을 스스로의 힘으로 열어젖혔다.

2016년 3월 6일은 이대호의 야구 역사에 길이 남을 하루였다. 데뷔전부터 안타를 때려냈다. 첫 타석 첫 안타. 초구부터 노리는 과감성이 돋보였다. 이날 애리조나의 피오리아 스타디움에서는 시애틀 매리너스와 LA 에인절스의 2016 메이저리그 시범경기가 열렸다. 1루수는 팀의 주전이자 이대호가 넘어서야 할 애덤 린드가 선발 출장했다. 벤치에서 대기하던 이대호에게 경기 후반 첫 출격 명령이 떨어졌다. 7회초 수비 때 1루수 미트를 끼고 그라운드를 밟았다. 등번호 56번이 낯설었지만, 시애틀 유니폼을 입고 당차게 그라운드에 나섰다. 첫 타석은 8회말에 찾아왔다.

선두타자로 나선 이대호는 A.J 아처가 던진 초구를 기다렸다는 듯 힘차게 방망이를 돌렸다. 빠른공이었다. 타이밍이 살짝 빨라 방망이 끝 부분에 아슬아슬하게 걸렸다. 특유의 유연한 스윙으로 마지막 순간까지 풀로 스윙을 했고, 타구는 2루수 키를 살짝 넘어가며 중전안타가 됐다. 1루에서는 이대호보다 열한 살 어린 인천 동산고 출신의 LA 에인절스 1루수 최지만이 기다리고 있었다.

"대호 형님, 첫 타석 첫 안타 축하드려요" 최지만은 상대팀으로 만났지만, 도전의 아이콘 이대호에게 존경의 뜻을 표시했다. 유틸리티 플레이어 최지만은 룰5 드래프트로 LA에인절스의 선택을 받은 유망주로, 그 역시 메이저리그에 도전하는 루키였다. 첫 안타를 기록한 이대호는 기분 좋은 미소를 지으며 최지만의 어깨를 툭 쳤다.

이날 경기 후에 이대호는 첫 안타 소감에 대해 "운이 좋은 안타였다. 선두타자였기 때문에 직구를 노렸다. 타이밍이 조금 빨라서 배트 끝에 맞았는데, 코스가 좋았다"라고 데뷔전 안타의 느낌을 전했다. 특유의 느긋함이 묻어났다. 겸손과 여유가 어우러졌지만, 이대호의 속내는 기쁨으로 물들었다.

이대호는 비자 문제를 해결하느라 전날 새벽 1시에 도착했지만, 데뷔전 안타로 피곤함을 싹 씻어냈다. 쉽게 친 것처럼 보였지만, 거저 나온 게 아니었다. 상대할 투수에 대한 공부를 게을리 하지 않았고 자료가 없거나 처음 보는 투수의 경우, 어떤 공을 던지는지 주의 깊게 살폈다. 첫 안타는 이대호의 세밀한 준비가 낳은 결과였다.

이대호가 일본 MVP 출신이라는 점을 잘 알고 있는 시애틀 매리너스의 서비스 감독은 "실전에서 어떻게 움직이는지 보고 싶었다. 앞으로 보여줄 것이 더 많은 선수"라며 '역시'라는 반응을 보였다. 시범경기이긴 했지만, 출전하자마자 안타를 친 이대호가 자신의 능력을 알리는 데 많은 타석은 필요하지 않았다. 시범경기 다섯 타석 만에 초대형 홈런을 쏘아 올리며 존재감을 확실하게 각인시켰다.

2016년 3월 8일 애리조나주 피오리아 스타디움에서 열린 애리조나 다이아몬드 백스와의 시범경기에서 이대호는 8회 선두타자로 나와 왼쪽 담장을 넘기는 대형 홈런을 쏘아 올렸다. 애리조나의 좌완 구원투수 매트 레이놀즈를 상대로 볼카운트 1볼 2스트라이크에서 5구째 시속 137킬로미터 포심 패스트볼을 잡아당겼다. 타구는 146미터를 날아간 뒤 멈췄다.

이대호에게 이 홈런은 단순한 홈런 이상의 의미가 있었다. 아직 초청선수라는 불안정한 신분이었지만, 거포로서의 능력을 단기간 내에 과시한 것이다.

시애틀의 선수 구성을 보면 그해 지명타자 자리는 2015시즌에 44홈런을 친 넬슨 크루즈가 단단히 지키고 있었다. 일본에서 주로 지명타자로 뛰었던 이대호가 취할 수 있는 현실적인 대안은 주전 1루수 애덤 린드의 뒤를 받칠 백업이었다. 그마저도 팀 내 유망주인 헤수스 몬테로, 가비 산체스 등과 경쟁하는 구도였기에 확실한 눈도장을 찍을 필요성이 있었다.

150미터 가까이 날아간 이대호의 첫 홈런은 그 역할을 톡톡히 해냈다. 비거리를 확인한 스캇 서비스 감독은 깜짝 놀라며 "이대호는 4구째 파울볼에 무릎을 맞은 상황이었지만 다음 공을 어림잡아 480피트(146미터)나 날려보냈다. 엄청난 힘이었다. 우리는 그의 파워를 알고 있었지만 오늘 경기에서 다시 확인할 수 있었다"라고 높은 평가를 내렸다.

이러한 감독의 한 마디는 큰 의미를 가진다. 선수를 뽑거나 사는 건 단장을 중심으로 하는 구단에서 결정하지만, 그 선수를 기용하는 건 전적으로 감독의 권한이기 때문이다. 이대호는 계약서 잉크가 마르기도 전에 강한 인상을 남기며 메이저리그 생존에 유리한 고지를 점령했다. 이때만 해도 아직 갈 길이 멀어 보였지만, 그를 초청한 시애틀 구단은 조금씩 신뢰의 눈길을 보내기 시작했다. 이대호는 아시아 야구에서 정상을 밟고도 메이저리그라는 꿈의 무대를 쫓아 고행의 길을 선택했다. 단순한 이상을 추구하는 게 아니라 그만큼 자신감도 있기에 선택한 길이다. 당시에는 빅리그 생존이 최우선 과제였지만, 이미 그의 속 깊은 곳은 어쩌면 더 멀고 높은 곳을 향하고 있었던 것 같다.

실력이 있다면 잠시의 굴욕은 아무것도 아니다

● ● ● 많은 사람들이 메이저리그와 마이너리그의 갈림길에 서 있던 그를 보며 걱정했다. 이구동성으로 시애틀 매리너스와 스플릿 계약을 맺은 이대호가 메이저리그에 입성하는 건 '하늘의 별 따기'라고 했다. 그러나 자존심을 버리고 꿈을 좇은 이대호는 성큼성큼 뛰어가더니 그 별을 따냈다. 짧은 기간이었지만 그 여정은 이대호의 야구 인생 전부를 걸 만큼 압축된 도전이었다.

2016년 3월 28일. 스프링캠프가 끝나가는 무렵, 메이저리그 공식 홈페이지인 MLB닷컴은 "시애틀이 한국인 거포 이대호를 40인 로스터에 포함시켰다. 이것은 이대호가 백업 1루수 경쟁에서 승리했다는 의미다"라고 전했다.

제리 디포토 시애틀 단장도 이대호의 40인 로스터 진입을 공개하며 "이대호는 준비된 선수이고 우리 팀에 필요한 선수다. 타석에서 차분한 모습으로 믿음을 심었고 주루와 수비에서도 매우 인상적인 모습을 보여줬다"고 말했다. MLB닷컴과 디포트 단장의 호의적인 전망은 개막전 25인 로스터 진입으로 이어졌다.

이대호는 메이저리그 개막 로스터에 포함되지 않으면 자유계약으로 풀려나는 안전장치가 있었지만, 스프링캠프와 시범경기에서의 활약을 바탕으로 당당하게 25인 로스터에 합류하며 정식 빅리거로서의 출발을 알렸다. 초청선수로 빅리그 문을 두드린 그는 박병호, 오승환에 이어 세 번째 KBO리그 출신 '신인 메이저리거'가 됐다. 개막 로스터에 포함된 이대호는 향후 활약 여부에 따라 옵션으로 최대 400만 달러까지 받을 수 있게 됐다.

만약이지만, 이대호가 빅리그에 합류하지 못했다면, 마이너리그에서 최저 연봉을 받으며 빅리그 승격을 노려야 했다. 또는 꿈을 접고 일본이나 한국행 비행기에 올랐을지도 모른다. 어찌됐던 아시아권에서 최고 선수로 대접받던 이대호에게는 굴욕적인 결말이었을 것이다. 그러나 꿈을 향해 올인을 선언한 이대호에게 넘지 못할 허들은 없었다. 많은 난관이 있었지만 그게 걸림돌이 되지 않았다.

마침내 메이저리거가 된 이대호는 기록이 카운트 되는 정식 무대에서 그 시작부터 도드라졌다. 한국이 낳은 아시아의 큰 호랑이는 미국 땅에서 첫 출발부터 우렁차게 포효했다. 감격적인 마수걸이 안타를 홈런으로 큼지막하게 터뜨린 것이다. 성공을 향한 화려한 축포였다.

2016년 4월 9일. 미국 워싱턴주 시애틀의 세이프코 필드에서 시애틀 매리너스와 오클랜드 애슬레틱스의 경기가 열렸다. 시애틀 매리너스의 시즌 홈 개막전이었다. 이대호는 1루수 겸 8번 타자로 선발 출전했다. 지난 두 경기에서는 무안타에 그치며 다소 분위기가 다운된 상태였다. 그러나 이날 두 번째 타석에서 기념비적인 아치를 그렸다.

상대 좌완 선발 에릭 서캠프의 초구 커브를 잘 골라낸 뒤 2구째 시속 142킬로미터짜리 직구를 통타해 가운데 담장을 훌쩍 넘겼다. 어깨를 한 번 퉁~ 치면서 탄력을 받은 방망이가 서캠프의 낮게 제구된 직구의 궤적 안으로 정확하게 들어갔고, 공과 방망이가 1:1로 정확하게 충돌하며 모든 운동에너지가 펜스로 향했다. 방망이의 회전 운동량이 손실 없이 최대한 공에 전달되며 순간적으로 이대호의 손에는 아무런 느낌이 없었다. 맞는 순간 홈런임을 느낄 수 있었다. 중견수가 타구를 향해 점프했지만, 그건 시늉에 가까웠다. 타구는 127미터를 날아 관중석으로 떨어졌다.

홈런을 확인한 이대호는 타석에서처럼 무심한 표정으로 1루를 향해 빠르게 달렸다. 마치 안타 하나를 친 것처럼. 그리고 2루를 지나 3루에 다가가며 비로소 달리던 발걸음의 RPM이 다운됐다. 이어 3루 코치와 손뼉을 마주치면서, 그제야 홈런을 실감하는 듯 그의 표정에서 기쁨이 설핏 묻어났다. 그 홈런은 이대호 개인의 야구 역사뿐 아니라, 한국인 타자의 메이저리그 도전사에 길이 남을 홈런이었다. 3경기 5번째 타석에서 홈런을 치며 한국인 최소 타수 데뷔 홈런 기록을 새로 썼다. 종전 기록은 최희섭이 시카고 컵스 시절인 2002년에 달성한 5경기였다. 또한 이대호의 홈런은 2016시즌 홈구장인 세이프코 필드에서 나온 첫 홈런이었다. 이대호는 '야구의 꽃' 홈런으로 큰 덩치만큼 강렬한 인상을 홈팬들에게 각인시켰다. 오로지 실력으로, 자신의 무모한 시도가 희망찬 도전이라는 점을 알렸다.

첫 안타를 홈런으로 장식하며 시선을 한몸에 받았던 이대호는 그로부터 5일 뒤인 4월 14일에는 시애틀의 영웅으로 떠올랐다. 팀을 5연패 수렁에서 건져낸 대타 연장 끝내기 2점 홈런을 때려냈다. 클러치 능력과 노림수, 그리고 빠른 배트 스피드의 삼박자가 어우러졌다.

이대호는 텍사스 레인저스와의 홈경기에서 2:2로 맞선 연장 10회말 2사 1루 좌완투수에 약점이 있는 주전 1루수 애덤 린드를 대신해 타석에 들어섰다. 두 번의 기회가 없는 대타 출전이었다. 스윙 하나에 모든 것을 걸어야 했다.

이대호는 강속구를 던지는 좌완 제이크 디크먼의 97마일(시속 156킬로미터)짜리 투심 패스트볼을 놓치지 않고 정확하게 통타해 홈런포를 쏘아 올렸다. 100마일에 가까운 빠른공을 펜스 너머로 훌쩍 넘긴 34세 루키의 '원 샷, 원 킬'이었다. 투수 디크먼은 맞는 순간 홈런을 직감하며 고개를 떨궜다.

이대호가 대타 끝내기 홈런으로 승리를 선물하자, 세이프코 필드의 관중들은 열광의 도가니에 빠졌다. 더그아웃의 선수들은 모두 뛰어나와 홈베이스를 원진으로 둘러싸고 영웅의 귀환을 기다렸다. 이대호가 홈을 밟자 물을 뿌리고 등을 두드리며 베테랑 루키를 격하게 환영했다.

경기의 마침표를 찍은 이대호의 홈런은, 기회가 한 번뿐인 대타라는 부감감과 2스트라이크로 몰린 절체절명의 상황이라는 엄청난 긴장감을 이겨낸 결과였다.

이대호는 홈런을 친 소감으로, "동영상으로 디크먼의 빠른공을 확인했고, 실제 타석에서 초구는 그냥 눈으로 지켜보며 감을 느꼈다. 2구째는 파울이 되었지만 타이밍을 맞췄다. 2스트라이크가 되었지만 조급하지 않았고 3구째 다시 빠른공이 올 것이라고 예상했다. 기다리던 공이 오자 정확하게 치려고만 했는데 방망이 중심에 맞으며 홈런이 됐다"라고 밝혔다.

깊은 바다 너머에
펼쳐진 대륙을 보다

● ● ● 세상에는 수많은 이름이 있다. 나라를 위기에서 구한

훌륭한 위인과 타인을 위해 희생한 고귀한 인물의 이름은 역사를 통해 후손에게 이어진다. 가까이는 아름다운 노래를 부르는 가수와 멋진 연기를 펼치는 배우의 이름도 회자된다. 세상에는 수많은 이름이 있지만, 각자 조금씩 다른 느낌으로 다가온다.

스포츠계의 유명인 중에는 야구선수 박찬호, 골프선수 박세리, 축구선수 박지성, 피겨선수 김연아 등이 자연스럽게 떠오른다. 우리가 기억하는 그 이름에 따른 이미지는 저절로 생기는 게 아니다. 그들은 평범한 사람이 따라 하기 힘든 노력을 통해 그 이름을 얻었다. 그들의 이름에 자부심이 느껴지는 이유다.

이대호는 "그 정도면 됐다"라는 말을 들을 때마다 더 높은 산의 정상을 향해 걸음을 멈추지 않았다. 주변의 만류에 아랑곳하지 않았다. 낯설고 물설은 미국에서도 첫 홈런에 이어 강렬한 대타 끝내기 홈런으로 그의 이름에 '불가능한 도전은 없다'라는 수식어를 더했다. 도전의 대명사 이대호는 그날 밤 시애틀의 세이프코 필드에서 관중의 목소리를 통해 감동의 울림을 자아냈다.

어두운 터널을 스스로 선택한 이대호의 앞날에 조금씩 서광이 비추기 시작했다. 세상엔 빛과 어둠이 있다. 많은 사람들은 이대호가 자처한 앞날에서 어둠의 두려움을 느꼈다. 그러나 이대호는 어둠 속에 숨겨진 빛을 찾아 따라갔다.

만약 우리에게 두 가지 길이 있다면, 밝은 곳으로 향할 것인가. 아니면 어둠 속으로 걸어갈 것인가. 갈림길에서 더 이상 나아가지 않고 멈춰서도 괜찮다. 밝은 곳으로 향하면 약속된 부와 명예가 있다. 멈춰서면 지금까지의 성공으로 충분히 박수 받을 수 있다. 어두운 길을 선택하면 헤매고 다칠 것이다. 어둠을 택한다면 악조건이 하나 더 있다. 지금까지 말을 타고 달렸다면 어둠 속에서는 말에서 내려 두 발로 걸어가야 한다. 장군에서 일개 병사로 계급이 떨어지는 굴욕을 감수해야 하는 상황이다. 더구나 굳게 마음을 먹고 그런 굴종을 받아들인다고 해도 그 끝에 도달한다는 보장조차 없다. 그러나 비록 적은 확률이지만, 그 터널을 통과하면 그 이전의 모든 성공을 뛰어넘는 영광된 자리에 오를 수 있다. 하지만 어두운 길 너머의 희미한 불빛을 믿고 선택할 수 있는 사람이 얼마나 되겠는가!

아프리카 남단에 위치한 희망봉은 원래 폭풍의 언덕으로 불렸다. 포르투갈 선단이 아프리카 대륙 남쪽 끝까지 갔다가 그곳에서 심한 폭풍을 만나 되돌아왔다. 오랫동안 사람들은 가까이 갈 수 없을 만큼 물결이 거센 그곳을 향해 '폭풍의 언덕'이라고 이름 붙였다. 아마 집채만 한 파도가 배를 향해 몰아쳤을 것이다.

그러나 15세기에 포르투갈의 탐험가 바스코 다 가마 선단이 그곳을 성공적으로 통과했다. 폭풍의 바다 너머에는 잔잔한 인도양과 시원한 바람이 기다리고 있었다. 이후 폭풍의 언덕은 희망봉으로 이름이 바뀌었다. 인도 항해에 성공한 바스코 다 가마를 통해 포르투갈은 동방의 향료 무역을 독점하게 됐고, 유럽 국가들이 해

양으로 진출하는 촉매제가 됐다.

　바스코 다 가마뿐 아니라 최초로 대서양을 횡단해 아메리카 대륙을 발견한 콜럼버스는 엄청난 금을 싣고 귀환했고, 마젤란은 최초로 지구 한 바퀴를 돌아 향신료를 싣고 왔다. 이들은 모두 아무도 가지 않는 길을 과감하게 선택했다. 그리고 증명했다. 지구는 평평하지 않고 바다 너머에는 새로운 대륙과 보물이 있다는 것을. 성공 확률이 적은 위험한 도전일수록 돌아오는 대가는 크다는 것을!

이대호, 메이저리그 한국인 대타 끝내기 1호 홈런

이대호의 대타 끝내기 홈런은 한국인 메이저리거 중에 처음 나온 기록이다. 최희섭이 LA 다저스 시절인 2005년 6월 11일 미네소타전에서 5:5로 맞선 9회말 끝내기 솔로포를 기록했고, 추신수가 클리블랜드 시절인 2011년 8월 24일 시애틀과의 경기에서 더블헤더 1차전 4:5로 뒤진 9회말 역전 3점 홈런을 때려낸 적이 있다. 대타 끝내기 홈런은 이대호의 소속팀인 시애틀 구단 역사상 세 번째일 정도로 보기 드문 진기록이다.

이대호는 켄 펠프스(1986년 9월 4일 디트로이트전), 켄드리 모랄레스(2013년 6월 24일 오클랜드전)에 이어 시애틀의 세 번째 대타 끝내기 홈런의 주인공이 됐다. 신인으로서는 처음이다. 그리고 이대호(만34세)는 지난 1950년 당시 만 35세였던 루크 이스터(클리블랜드) 이후 메이저리그 최고령 신인 끝내기 홈런타자가 됐다.

국내무대에서 이대호는 세 차례 굿바이 홈런을 기록했다. 1군 데뷔 2년째인 2002년 5월 10일 마산 현대전 2:2로 맞선 10회 2사 2, 3루에서 상대 마무리 다리오 베라스를 상대로 끝내기 3점 홈런을 때려냈다. 그리고 2006년 4월 16일 사직 LG전 4:5로 뒤진 9회 무사 2루에서 경헌호를 상대로 끝내기 역전 2점 홈런을 기록했다. 그리고 다음해인 2007년 4월 26일 마산 SK전에서 3:3으로 맞선 10회 선두타자로 나와 조웅천에게 끝내기 솔로 홈런을 기록했다. 일본무대에서는 끝내기 홈런을 때린 적이 없었고 끝내기 안타만 두 차례 기록했다.

이대호의 활약이 계속되자 미국 스포츠전문 매채 〈ESPN〉은 신인 '톱10'에 이대호와 오승환을 각각 9위와 10위에 올렸다. 〈ESPN〉은 "이대호에게 장타에 대한 의심은 없었지만 수비, 적응, 타율에 대한 걱정은 있었다. 그러나 기대 이상의 활약을 하고 있고 시애틀은 지난해보다 더 전략적으로 라인업을 짤 수 있다. 오승환은 내셔널리그 최정상급 구원투수다. 시속 148~150킬로미터 정도의 패스트볼을 던지는데, 컷 패스트볼 혹은 싱킹 패스트볼처럼 변화가 심하다. 시속 138킬로미터 고속 슬라이더와 견고한 스플리터까지 갖췄다. 디셉션의 왕이다"라고 선정 이유를 밝혔다.

Chapter 2

자신을 믿어야 한다

"어차피 똑같은 야구공이다.
제대로 맞으면 안 넘어갈 공은 없다."
_ 이대호

많은 사람들이 오늘을 살아내기가 힘들다고 한다. 내일의 희망을 품기가 어렵다고 한다. 그러나 아이러니하게도 꿈이 있어야 난제로 가득한 현실을 이겨낼 수 있다. 꿈이 없는 사람은 인형과 다를 바 없다.

꿈을 향해 준비를 게을리 하지 않고 자신감을 잃지 않는다면 기회는 반드시 온다. 그렇게 믿어야 한다. 사람이라는 연약한 존재가 지구상 만물의 영장이 된 시작점은 분명하다. 모든 것은 작은 꿈에서 출발했다. 꿈을 꾸고 도전하고 실현하며 여기까지 왔다. 사람과 동물의 가장 큰 차이점이 그곳에 있다.

나이를 먹고 주름이 생긴다고 늙는 게 아니다. 이성이 더 이상 꿈을 꾸지 않으면 마음에 주름이 잡히며 노인이 된다고 생각한다. 다케우치 히토시는, "꿈이 실현되지 않는 원인은 그 바람이 비현실적이기 때문이 아니라, 바람을 실현하고자 하는 의지와 노력이 부족했기 때문"이라고 했다. 꿈을 향해 계속 노력하면 우리는 그 꿈을 닮아간다. 꿈을 향한 노력, 그 최고의 에너지원은 자신감이다.

"나 반드시 할 거야. 해낼 수 있어."

자신의 능력을 믿어야 지치지 않고 먼 길을 갈 수 있다. 운과 기회가 맞아야 하지만, 그것도 만들어내는 것이다. 최고가 되기 전에 자신감이 없다면, 절대 최고가 될 수 없다.

꿈을 향한 노력, 그 에너지는 자신감

● ● ● 이대호가 가지고 있는 최고의 무기는 자신감이다. 그리고 그 자신감은 자신이 야구에 있어서는 최고라는 자부심에서 나온다. 이대호는 타격에 관한 한 최고의 기술을 보유하고 있는데, 소위 '인사이드아웃 스윙'의 절대 고수이다.

이대호가 메이저리그에 입성해 펑퍼짐한 외모와 달리 날카로운 안타를 생산하자 상대팀도 긴장하기 시작했다. 처음엔 이대호를 우습게 봤다. 야구선수 같지 않은 비대한 몸매에 다리까지 올리는 레그킥을 구사하는 그의 모양새를 보고 "저래 가지고 공이나 제대로 치겠어?"라고 코웃음 쳤다. 그러나 100마일에 가까운 강속구뿐 아니라 좌우로 휘는 변화구까지 정타로 연결하자 보는 눈이 달라졌다. 여기에 결승타에 끝내기 홈런까지 때려내자 메이저리그 루키를 향해 수비 시프트까지 가동하기에 이르렀다.

이대호가 타석에 서자 안타를 봉쇄하기 위해 내야수들이 2루와 3루 사이에 모였다. 우타자 이대호의 잡아당기는 타구를 막겠다는 의도다. 아직 전력분석이 완벽하게 끝나지 않은 탓이겠지만, 이대호의 덩치가 워낙 크다보니 풀스윙으로 잡아당겨 칠 것이라고 생각한 것이다. 그러나 오판이었다. 타석에서 1루와 2루 사이가 비어 있는 걸 흘깃 본 이대호는 투수가 던진 공을 가볍게 밀어쳐 타구를 우익수 방면으로 보냈다. 닫힌 좌측이 아닌 열린 우측으로 공을 날려 안타를 만들어낸 것이다.

일반적인 상식선에서 수비 시프트를 펼친 그들은 몰랐겠지만, 거구의 이대호는 거포로 단정 지을 수 없는 타자다. 밀어치고 당겨치기에 모두 능한 교타자에 가깝다. 그리고 이대호가 파워를 겸비한 콘택트 히터가 될 수 있었던 것은 능수능란한 인사이드아웃 스윙을 가지고 있기 때문이다.

그는 롯데 자이언츠 시절, 운명적인 스승을 만나 타격 기술을 완성하며 비로소 완전체 타자가 된다. 그때는 이대호가 전국구 스타로 막 알려지기 직전인 2006년이었다. 부산을 연고로 하는 롯데 자이언츠의 타격코치로 부임한 김무관 코치는 '될 성 싶은 떡잎'을 곧바로 알아봤다. 투수에서 타자로 변신한 이대호에게서 최고의 거목이 될 자질이 엿보였다. 하늘에서 뚝 떨어지는 천재가 없는 것처럼 이대호는 가지고 있는 자질과 함께 끊임없이 정진하는 선수였다. 한마디로 지도자가 가장 좋아하는 노력하는 천재였다.

김무관 코치는 이대호를 비롯한 롯데 선수들에게 툭툭 장난치듯 자신의 타격이론을 심었다. 개그 프로그램의 유행어를 섞어가며 재치 있게 이끌었다. 그는 위에서 찍어 누르는 게 아닌 선수의 마음을 사로잡아야 기술이 전수된다고 믿었다. 이대호에게 단점이 아닌 장점을 칭찬하며 그 부분의 성장을 극대화했다. 단점을 보완하면 평균이 되지만 장점을 키우면 특별해진다. 이대호는 그런 김 코치를 아버지처럼 따랐다. 교사와 학생이 신뢰관계로 뭉치면서 그 효과는 배가 되었다.

이대호의 꿈을 실현시킨 절대무기, 인사이드아웃 스윙

● ● ● 김무관 코치의 눈에 비친 이대호의 스윙은 간결했다. 덩치에 비해 스윙이 짧아 최단거리로 방망이가 나왔다. 게다가 공에 대한 반응이 무척 빨랐다. 반응이 너무 좋다 보니 빠른공에 대한 대처 능력에 비해 느린 변화구에 오히려 약점을 보였다. 김 코치는 그런 이대호에게 인사이드아웃 스윙이 적합하다고 판단했

다. 몸이 유연한 이대호는 단기간 내에 그 스윙을 흡수해 자기 것으로 만들었다.

인사이드아웃 스윙은 말 그대로 방망이가 몸 안에서 바깥으로 나가는 타격이다. 이대호와 같은 우타자라면 오른쪽 팔꿈치가 몸통에 붙어 회전한다. 이때 방망이 헤드는 아직 뒤쪽에 남아 있는 상태이기 때문에 날아오는 공을 향해 보다 정확한 타격이 가능해진다.

프로야구에서 지도자 생활을 오래 한 박용진 감독은 이대호의 스윙을 버드나무 회초리 같은 타격이라고 했다. 박 감독은 "이대호의 장점은 유연성과 함께 타격시 팔이 겨드랑이에 붙어 나가는 스피드가 엄청나다. 그리고 두 손목이 투수 쪽으로 많이 향한다. 하체의 히프가 반 정도 돌아간 상태에서 방망이를 잡고 있는 그립이 투수 쪽으로 최대한 나가 있다. 이때 방망이 헤드는 여전히 뒤에 남아 있다. 그리고 콘택트 순간, 뒤에 있던 방망이가 버드나무 회초리처럼 휙 나온다"라고 설명했다. 방망이가 마치 공을 향해 기다렸다는 듯 용수철처럼 튀어 나온다는 것이다.

이런 회초리 타법은 투수가 던지는 여러 구질을 공략할 수 있고 타구의 비거리가 많이 나오는 특징이 있다. 이대호의 스윙이 굉장히 부드럽지만, 장타가 많이 나오는 비결이다. 이대호는 메이저리그의 괴물 같은 투수들을 상대하면서도 자기 스윙으로 안타를 뽑아냈다. 그의 인사이드아웃 스윙은 누구나 알지만 아무나 따라할 수 없는 비공이다.

이대호의 타격은 일본에서도 호평 받았다. 2012년 미야코지마 스프링캠프에서 이대호의 스윙을 처음 접한 오릭스 버팔로스의 오카다 오키노부 감독은 100킬로그램이 훌쩍 넘는 거구가 보여주는 상상하기 힘들 정도의 부드러운 스윙에 눈을 번쩍 떴다. 오카다 감독은 이대호의 스윙을 보자마자 "4번은 팀의 중심이며 모두가 인정하는 자리"라고 언급하며 "이대호가 진정한 4번 타자다. 무리하지 않고 방망이가 안에서 나와 우중간으로 향하게 친다"라고 평가했다.

오카다 감독은 이대호의 인사이드아웃 스윙에 대해 "일본인은 저렇게 스윙하지 못한다"며 "히팅 포인트가 확실하다. 공 반 개 정도 몸에서 가깝게 쳐낸다. 같은 히팅 포인트라면 일본 선수들은 밀리겠지만, 이대호는 팔과 팔꿈치, 손목이 모두 부드럽다. 힘까지 갖추고 있어 타구를 넘겨버린다"라고 감탄사를 연발했다.

이대호는 스프링캠프에 합류해 오카다 감독이 지켜보는 가운데 친 첫 번째 프리배팅에서 72개의 타구 중 단 3개만 담장을 넘겼다. 그럼에도 오카다 감독이 극찬한 것은 타구의 방향에 있었다. 안타성 타구 45개 중에 32개가 센터필드를 기준으로 우측에 형성됐다. 몸 쪽으로 오는 공을 의도적으로 밀어 때린 것이다.

거포의 경우 대개 끌어당겨 치는 스윙을 한다. 그렇게 휘두르면 홈런과 같은 큰 것 한 방을 때릴 수 있지만 동시에 높은 삼진 비율을 피할 수 없다. 그러나 이대호는 밀어치는 능력으로 일찌감치 고타율 타자임을 보여주며 오카다 감독의 눈을 사로잡은 것이다.

일본인 타격코치들도 이대호의 스윙에 놀라긴 마찬가지였다. 그들은 "어디서 그렇게 좋은 스윙을 배웠냐"라고 물어보며 "단기간에 습득할 수 있는 스윙이 아니다"라고 입을 다물지 못했다.

김무관 코치는 롯데 자이언츠 타격코치 시절 여러 선수에게 인사이드아웃 스윙을 지도했는데, 이대호의 타격폼이 교본과도 같았다. 김무관 코치는 일본 정벌에 나서는 제자를 향해 "이대호라면 일본 투수들의 정교한 제구를 극복할 수 있을 것"이라고 전망했고, 한 치의 오차 없이 실현됐다.

팔꿈치가 몸통에 붙어 나오는 인사이드아웃 스윙은 몸 쪽 공에 강점을 가진다. 또한 방망이 헤드가 몸통 뒤에 남아 있어 아웃코스와 변화구에도 대처가 가능한 타격이다.

실전에서 투수가 타자에게 던지는 공의 70퍼센트는 스트라이크존 외곽에 형성된다. 스트라이크존 안쪽에 해당하는 몸 쪽 비율이 상대적으로 낮은 건, 몸에 맞는 공에 대한 두려움과 타자의 장타를 의식해서 그렇다.

마운드의 투수가 바깥쪽 승부를 하면, 타석의 타자는 그 공을 밀어쳐야 안타 확률을 높일 수 있다. 이때 타자는 앞쪽 어깨가 닫혀 있는 상태에서 헤드업이 되지 않아야 공을 끝까지 보고 정확하게 타격할 수 있다. 타자는 타석에서 컨디션이 나쁘면 본능적으로 공을 몸 쪽으로 끌어당겨 치게 되는데, 그러면 범타가 나올 가능성이 많다. 그러나 이대호처럼 인사이드아웃 스윙으로 밀어친다면 우중간에 열려 있는 빈 공간으로 타구를 보내 안타를 생산할 수 있다.

인사이드아웃 스윙은 몸에 익히기 어려워서 그렇지 제대로 사용할 수 있다면 성공의 보증수표와 같다.

곰 같은 거구지만 유연함은 내가 최고!

● ● ● 이대호를 처음 본 많은 사람들은 의아한 표정으로 이렇게 말한다. "저렇게 뚱뚱한 몸으로 야구를 어떻게 하나?"라고. 193센티미터의 키에 몸무게는 100킬로그램을 가볍게 넘는다. 그의 몸은 한눈에 보기에도 육중하다. 그러나 운동선수 같지 않은 그 몸매로 홈런을 펑펑 쏘아 올린다. 한국과 일본에서 최고 선수 자리에 올랐고 이제는 별들의 무대에서 빛나고 있다. 이대호가 미국 메이저리그에서도 괴물 같은 투수들을 상대로 홈런과 안타를 칠 수 있는 건 두 가지 원천기술이 있기 때문이다.

우선 보기와 달리 유연하다. 그의 스윙은 물 흐르듯 부드럽고 자연스럽다. 힘으로 타구를 보내는 박병호와는 완전히 다른 스타일의 타격이다. 국내 프로야구 선수 중에는 두산 베어스의 양의지가 가장 비슷하다.

이대호가 타격할 때 보면, 준비 자세에서 방망이를 어깨에 툭 치고 나서 스윙이 나온다. 에너지 소비가 없는 간결한 스윙이다. 스윙속도 자체는 빠르지 않지만 최단거리로 나오며 그 단점을 충분히 커버한다. 팔이 길어 타구를 걷어내는 범위도 넓다. 많은 타자들이 유연한 타격폼을 가지기 위해 노력한다. 그러나 "힘 빼고 치는 데만 10년이 걸렸다"고 말할 만큼 부드러운 스윙을 체득하기는 어렵다. 이대호의 유연성이 전매특허와 같은 부드러운 타격으로 이어지는 것이다.

'부드러운 것이 강한 것을 이긴다.' 곰 같은 거구의 이대호가 보여주는 스윙은 유능제강(柔能制剛)의 버드나무 회초리 타격폼이다. 이대호는 부드러우면서도 강력한 이 타격폼으로 메이저리그 정벌에 나섰다. 이대호가 주전도 아닌 비(非)주전으로 메이저리그에서 출발하자 많은 사람들이 의구심을 보였다. 이대호 본인은 불확실했던 처지와 달리 자신감이 넘쳤다. 타고난 긍정적인 성격과 함께 자신의 타격 기술에 대한 자신감이 있었기 때문이다.

이대호의 또 다른 성공비결은 관절을 움직이는 근육량, 즉 최상위급 골격근육량에 있다. 이대호는 롯데 자이언츠 시절, 무릎 수술 후 재활과정을 거치며 그의 육중한 몸을 버틸 수 있는 근육질 몸매로 업그레이드 했다. 꾸준한 운동으로 만들어낸 결과였다. 이대호가 보기엔 배가 나온 과체중으로 보이지만, 알고 보면 지구력과 순발력을 모두 갖춘 근육질 몸이다.

시애틀 매리너스의 애리조나 스프링캠프에서 빅리그 관계자들은 이대호의 회초리 타격과 함께 '수비요정'이라고 불릴 만큼 완벽한 그의 수비력에 놀라움을 금치 못했다. 스카우트 리포트에 관련 내용이 기술되어 있었지만, 실제로 이대호의 플레이를 보니 그 이상이었다.

이대호의 유별난 자신감

● ● ● 이대호는 뚱뚱하고 느리다는 편견을 이겨냈다. 늘 최고라는 자신감으로 세상과 싸웠다. 미국행을 선언할 당시 이대호의 적지 않은 나이도 메이저리그 계약의 걸림돌로 거론됐다. 하지만 그건 걸림돌이 아니라 또 다른 경쟁력이었다. 한국을 거쳐 일본 프로야구까지 섭렵한 그의 풍부한 경험이 메이저리그 적응을 위한 탄탄한 주춧돌이 되었다. 이대호는 일본무대 진출 첫 해에도 '현미경 야구'라 불릴 정도로 상대 약점을 파고드는 일본 투수들의 견제를 뚫어냈다. 국민타자 이승엽마저 일본 진출 첫 해에 고전했지만 이대호는 달랐다. 빅보이는 자신과 자신의 기량에 대한

자신감이 넘쳤다. 왜냐하면 그 누구보다 굵은 그리고 많은 땀방울을 흘렸기 때문이다.

이대호는 소프트뱅크의 2년 연속 우승(2014~2015년)을 견인하고 나서 영웅 대접을 받았다. 구단은 엄청난 연봉을 약속했다. 프로는 연봉으로 인정받는다. 그러나 이대호는 꿈을 선택했다. 역대 한국 선수들의 메이저리그 도전사에서 첫 손에 꼽을 만큼 위대한 도전이었다. 그만큼 힘든 도전이었다.

그러나 그는 미국행을 앞두고 "어디에서든 야구는 똑같다. 내가 하는 것에 달려 있다"라고 당당하게 큰소리쳤다.

흔히 말하는 고수의 반열에 오른 선수는 상대와 싸우지 않는다. 자기 자신과 싸울 뿐이다. 무하마드 알리가 링 위에서 '나비가 되고 벌이 된 것처럼(Float like a butterfly, sting like a bee)', 이대호는 "어차피 똑같은 야구공이다. 제대로 맞으면 안 넘어갈 공은 없다"라고 자신감을 보였다. 한국과 일본 프로야구 MVP 출신이 미국 프로야구에서는 초청선수로 전락하는 수모를 겪었지만, 이대호의 자신감은 조금도 시들지 않았다.

함께 생활했던 많은 동료들이 한국에서 격려 메시지를 미국으로 보냈는데, 그 응원 내용을 살펴보면 '이대호는 잘 할 것'이라는 확신이 오롯이 담겨 있다.

KBO리그의 최고 '빅마우스' 홍성흔은 "나는 이대호를 공주라고 불렀다. 공포의 주둥아리다. 안 되는 영어지만 넉살 좋게 잘 지낼 것이다. 자기 장점을 살려 잘 적응할 것이다"라고 했고, 미국 프로야구 경험자인 송승준은 "언어와 주변에 상관없이 충분히 잘할 선수다. 금방 자리 잡고 성공할 것을 확신한다"라고 응원했다.

선후배의 응원을 받은 이대호는 "일본에서 돈 많이 받고 야구해도 되지만, 내가 더 큰 무대에서 뛰는 걸 보여주고 싶다. 출근길에 홈런과 안타 치는 소식을 전해주고 싶다. 내가 미국에서 잘 하면 사람들에게 조금이나마 행복이나 대리만족을 전할 수 있지 않을까. 그렇게 할 수 있다면 나는 행복한 선수다. 그 꿈을 이루고 싶다"라고 화답했다.

이대호에게 메이저리그는 잠시 경험했다가 돌아가는 정류장이 아니었다. 그는 최고의 선수들이 모인다는 그곳에서 마이너리그 초청선수로 시작해 백업, 그리고 주전의 위치까지 차근차근 밟았다. 메이저리그는 이대호의 자신감을 입증하는 무대였다. 난관을 뚫고 메이저리그 25인 로스터에 들어간 이대호는 그해에 진출한 여러 한국인 선수 중에 가장 안정감 있는 모습을 보여주었다. 가장 위태롭게 출발했지만, 가장 단단한 행보를 보였다.

첫 시즌 초반을 돌이켜보면, 기량을 펼칠 기회를 제대로 받지 못했다. 플래툰 시스템으로 인해 상대가 좌완 투수일 때 주로 출전했다. 그러나 이대호의 집중력은 위기를 기회로 만들었다. 좌완 투수를 상대로 안타 치며 본연의 임무를 완수했고, 우완 투수가 나와도 영양가 만점의 타구를 생산했다. 시즌 중반이 되자 어느새

1루 주전 자리는 이대호 것이 되었다.

　스플릿 계약으로 메이저리그 도전을 선언했을 때만 해도 그를 걱정하는 목소리가 무수히 쏟아졌다. 그러나 기우였다. 이대호의 활약 속에 그 목소리는 하나, 둘 사라졌다. 그리고 우려는 기대에 찬 응원으로 바뀌었다. 무모한 도전이 아닌 아시아 큰 호랑이의 위대한 도전이었다.

무하마드 알리,
"자신을 믿어라"

● ● ●　자신이 최고라는 신념은 미래를 바꾼다. 그릇의 크기는 정해져 있지 않다. 자신을 믿는 만큼 그 그릇의 크기는 달라진다. 반면 한계를 그으면 그것에 만족하게 된다.
　"나는 세계에서 가장 강한 복서다."
　그는 그렇게 믿었고 그렇게 됐다.
　무하마드 알리는 1942년 미국 켄터키주 루이빌에서 태어나 열두 살 때 아마추어 복서로 글러브를 꼈다. 1960년 로마올림픽에서 라이트헤비급 금메달을 딴 뒤 프로로 전향해 세 차례 헤비급 챔피언 타이틀을 거머쥐었다. 19차례 타이틀 방어도 성공했다.
　그를 역사적 인물로 만든 건 뛰어난 복서라는 것과 함께 사회운동가로서의 업적이다. 특히 흑인 차별과 같은 사회 현실에 목소리를 굽히지 않았다. 복서에 입문한 이유도, 고향에서 자신의 자전거를 훔친 또래 백인을 혼내기 위해서였다는 건 유명한 일화다.

알리는 국가를 대표해 올림픽 금메달을 따고 고향으로 돌아왔으나 여전한 인종차별에 고통 받았다. 알리는 식당에서 모욕을 당한 뒤 오하이오 강물에 금메달을 던져버렸다. 백인 주인으로부터 유래된 캐시어스 클레이라는 이름도 함께 버렸다. 그는 이슬람으로 개종해 이름을 무하마드 알리로 개명했다.

베트남전 징집도 거부했다. 그는 "베트콩 중에는 나를 검둥이라고 부르는 사람이 없다. 베트콩과 싸우느니 흑인을 억압하는 세상과 싸우겠다"며 양심적 병역거부를 선택했고, 3년간 선수 자격 및 챔피언 타이틀까지 박탈당했다.

그러나 그는 신념을 굽히지 않았고 링에 복귀했다. 1974년과 1978년에 각각 조지 포먼, 레온 스핑크스를 누르고 헤비급 챔피언에 복귀했다. 30대 중반으로 향하는 나이였지만, 여전히 세계에서 가장 강하다는 자신감으로 링에 올랐고 챔피언 벨트를 차지했다. 수세에 몰릴 때마다 '나비처럼 날아서 벌처럼 쏘며' 상대를 제압했다.

'4전5기 챔피언 신화'의 주인공 홍수환은 "흑인 인권운동가인 마틴 루터 킹보다 알리의 영향이 더 컸다고 본다. 그가 챔피언에 오르면서 흑인들은 '할 수 있다'는 자신감을 어마어마하게 지니게 됐다"라고 평가했다.

"나는 가장 위대한 파이터이다."
"나 정도로 위대하면 겸손하기 힘들다."
"난 이 세상의 왕이다."

알리는 경기에 앞서 자기과시적인 말을 쏟아내며 마음속 두려움을 지웠다. 사회 불평등 앞에서는 인종차별에 항의하며 주변 약자를 대변했다. 그의 옹골진 외침은 그 시대 억눌렸던 흑인들의 기를 세워주었다.

두려움을 이겨내기 위해 스스로 자기 암시를 걸었던 알리는 "위대한 챔피언이 되려면 스스로 최고라고 믿어야 하고 최고가 아니어도 그런 척 해야 한다"라며 자신감의 실체를 가리지도 않았다. 알리는 언제나 당당하게 말했고, 행동으로 실천하며 자신감이 무엇인지 시대정신으로 보여주었다.

최고라는 자부심이 있어야 무대에 오를 수 있다

● ● ● 분야는 다르지만 꿈을 향해, 최고를 향해 도전하는 이

들의 목소리는 한결같다. 평생 연기자로 살아가겠다는 20년 경력의 배우이자 나와 한 집에서 한솥밥을 먹고 있는, 사랑하는 아내인 이주화는 항상 자신을 믿어야 한다고 말한다. 그러면서 '자신감이란, 내가 최고라는 자부심'이라고 강조한다.

"내가 최고라는 자신감이 없으면 무대 위에 설 수 없어요. 사람들은 굳이 그렇게까지 자기 암시를 걸지 않아도 연기는 할 수 있는 게 아니냐고 묻기도 하지만, 무대에서 관객을 사로잡기 위해 배우는 그 자리에서 최고가 되어야 하죠. 운동선수들이 일찍 가서 몸을 풀고 마음의 준비를 하는 것처럼 배우도 무대에 오르기 전의 마음가짐부터 중요합니다. 무대에 서기 전에 이미 자신감이 충만해야 해요. 최고라고 생각하고 무대에 오르면, 최고가 됩니다. 자신감으로 뭉쳐 있으면 몇 백 명 관객의 시선을 압도할 수 있어요. 관객은 무대 위 배우가 얼마나 잘 하는지 지켜봅니다. 내가 최고라고 생각하고 무대에 오르면, 그 기를 동료 배우뿐 아니라 관객도 다 느끼죠."

또 배우 이주화는 노력과 좌절이 자신감을 더욱 단단하게 만들며, 최고를 완성하는 건 간절함이라고 덧붙인다.

"'잘 해낼 거야. 잘 해낼 수 있다'라는 자기 최면이나 자기 암시가 실현되기 위해서는 그 베이스에 엄청난 노력이 깔려 있어야 합니다.

노력 없이는 자신감이 생기지 않아요. 노력이 쌓이면서 자신감이 커지죠.

좌절도 필요합니다. 아무리 자신감을 가지고 무대에 올라가도 그기가 꺾이는 시기가 옵니다. 내려가면 다시 올라가기 힘들지만, 어려움을 극복하고 다시 올라간 배우는 더 높이 올라갈 수 있어요. 실패의 굴곡이 있어야 자신감이 더욱 단단해지는 거죠. 그리고 성공의 문을 여는 열쇠는 간절함입니다. 이것 아니면 죽을 것 같아 꼭 해야만 하는, 그런 간절함이 있는 배우는 매 무대마다 마지막이라는 생각으로 오릅니다. 그런 마음가짐이 최고의 무대를 만드는 거죠. 최고를 완성하는 것은 바로 간절함입니다."

이대호와 최경주

스스로 가시밭길을 선택한 이대호에 앞서 먼저 그 길을 걸어간 선배가 있다.
골프연습장을 보고 "뭔 닭장이 저리도 크다냐?"라고 말했던 어린 시절의 최경주는 중학생 때까지 바벨을 들었다. 축구, 투창, 씨름도 했다. 그랬던 그 소년은 고등학교에 들어가는 17세에 골프채를 잡게 됐다. 늦게 골프를 시작한 만큼 더 노력했고 한국에서 가장 뛰어난 골퍼가 됐다. 그는 일본에 건너가서도 두 차례 우승하며 실력을 뽐냈다. 일본 프로골프투어(JGTO)에서의 2승은 야구로 치면 20승을 두 번 하는 것과 비슷하다. 골프의 사법고시라고 불릴 만큼 어렵다. 최경주가 일본에서 우승할 당시 환율이 높아 계속 그곳 대회에 출전했다면 많은 돈을 벌 수 있었다. 그러나 최경주는 일본이 아닌 미국행을 선택하며 Q스쿨을 노크했다. 최경주는 1999년 Q스쿨에서 공동 35위를 기록하며 가까스로 투어 카드를 확보했다. 이듬해 상금랭킹 134위에 그치며 2000년 다시 Q스쿨을 통과해야 했다. 최경주는 Q스쿨 경험에 대해 "다시는 가고 싶지 않은 곳"이라고 토로했다. 전 세계의 쟁쟁한 강자들이 35장의 투어시드를 놓고 혈투를 벌이는 만큼 Q스쿨 통과는 바늘구멍과 같다. 최경주는 그 좁은 구멍을 통과한 뒤 PGA에서 17시즌 동안 8차례 우승했다.
미국행을 선택했을 때, 남들이 뭐라고 하든 최경주는 자신의 실력을 믿었다. 그리고 현지에서 직접 부딪히며 자신의 실력에 대한 확신을 가지게 됐다. 최경주의 여정은 한국과 일본 프로야구를 평정하고 나서 마이너리그 계약으로 미국에 진출한 이대호의 여정과 거의 흡사하다. 미국에서 초청선수로 시작한 이대호는 여러 난관을 극복해 마침내 메이저리거가 됐다. 두 선수는 험난한 행로를 선택한 공통점 외에 자신감과 성실함이라는 교집합을 가지고 있다.

Chapter 3

고난은 나의 힘, 좌절하지 않는다

"훈련을 하다 보면 항상 한계에 부딪힌다. 어떤 때는 근육이 터져버릴 것만 같고, 어떤 때는 숨이 목 끝까지 차오르고, 어떤 때는 주저앉고 싶은 순간이 다가오기도 한다. 그런 순간이 올 때마다 가슴속에서 무언가 말을 걸어온다. '이만하면 됐어. 충분해. 내일하자.' 그 유혹에 포기하고 싶을 때가 있다. 하지만 이때 포기한다면 안 한 것과 다를 것이 없다. 99도까지 죽을힘을 다해 온도를 올려두어도 마지막 1도를 넘기지 못하면 물은 영원히 끓지 않는다. 물을 끓이는 것은 마지막 1도, 포기하고 싶은 그 1분을 참아내는 것이다. 그 순간을 넘어야 다음 문이 열린다."

— 김연아

우리는 언제 나이가 들까. 나이가 들면 피부의 탄력이 떨어지면서 주름이 파인다. 아무도 세월을 피해갈 수 없다. 그러나 마음의 나이는 다르다. '이 정도면 됐지', 하는 순간부터 나이 들기 시작한다. 물이 고이면 썩는 것처럼 사람도 정체되면 발전하지 않는다. 새파란 청춘도 꿈을 잃어버리면 급격히 노쇠해진다.

  반대로 늘 무언가를 추구하고 그것을 얻기 위해 노력하는 이들은 쉽게 나이 들지 않는다. '마음이 청춘'인 사람들이다. 이들은 변화를 두려워하지 않는다. 정체된 늪이 아닌 흘러가는 강물처럼 그 자리에 머물지 않는다. 그건 물리적인 나이와 상관없다. 현실이 신산스럽다고 해도 꿈이 큰 사람은 오늘이 아닌 내일을 바라본다. 꿈이 클수록 묘하게도 현실의 벽은 낮아진다.

  KBO리그에서 매년 700명이 넘는 고졸과 대졸 선수들이 신인

드래프트를 노크한다. 큰 꿈을 가지고 도전하는 이 선수들은 억대 연봉과 관중의 환호를 꿈꾼다. 그러나 이들 중에 프로구단의 선택을 받는 선수는 100여 명 안팎으로 약 10퍼센트의 확률이다. 고교시절 청소년 대표로 태극마크를 달았던 선수가 프로의 벽을 넘지 못하는 경우가 생길 만큼 프로의 벽은 높다. 매년 수많은 학생 선수들이 꿈 한번 펼쳐보지 못하고 뒤안길로 사라진다.

국내 프로야구 10개 구단에 소속된다고 해서 끝이 아니다. 직업으로 야구를 하게 된 100명의 선수 중에 팬들에게 기억되는 유명인이 되는 건 서너 명에 불과하다. 그래서 혹자는 프로야구 선수로 성공하는 것을 장원급제에 비유한다. 프로에 와서 성공하는 선수들은 타고난 재능과 끝없는 노력으로 탄생한다. 여기에 운도 따라야 한다. 아무리 스스로를 혹독하게 담금질해서 기량을 키운다고 해도, 팀에 자리가 없다면 1군에 오르지 못한다. 같은 포지션에 국가대표급 주전 선수가 있다면 감독이 누구를 기용하겠는가. 그래서 팀의 선수 구성 및 감독과의 궁합도 중요하다.

신인은 특별한 경우가 아니면 백업으로 시작한다. 백업 선수에게 성공으로 향하는 계단은 더욱 멀다. 야구는 순간을 다투는 스피드 운동이다. 꾸준히 경기에 출전해야 경기감각을 익히고 유지할 수 있다. 그런 이유로, 주전에 비해 백업의 생존 확률은 수직 낙하한다. 그러나 우리는 단 한 번 찾아온 기회를 놓치지 않고 주전으로 도약한 사례를 가끔 접한다.

그러나 그 선수가 한 번의 기회를 살리기 위해 얼마나 많은 땀을 흘렸는지는 잘 모른다. 신은 시간이라는 채찍으로 사람을 다스린다. 불확실로 가득 찬 인고의 시간을 견뎌낸 선수만이 성공의 문을 열 수 있다. 그래서 성공한 프로선수의 자부심은 남다르다. 어린 시절부터 엘리트 코스를 밟아왔고 프로에 와서도 성공한 그들은 타고난 재능, 끝없는 노력, 그리고 행운까지 삼박자가 맞아떨어진 복 받은 존재라 할 수 있다.

투수에서 타자로,
첫 번째 시련을 극복한 이대호

● ● ● 이대호가 '조선의 4번 타자'로 인정받기까지의 길은 험난했다. "이제 그만하면 됐다"고 자조할 만큼 고통스런 상황이 매번 찾아왔다.

첫 시련은 프로 첫 해에 찾아왔다. 이대호는 잘 알려진 것처럼 투수로 입단했다. 경남고 시절 그의 최고구속은 시속 140킬로미터가 채 되지 않았다. 높은 릴리스 포인트에서 내리꽂는 공의 궤적은 인상적이었지만, 구속 자체는 빠르지 않았다. 그렇다고 변화구를 매우 능숙하게 구사하는 수준도 아니었다.

그러나 롯데 구단에서는 이대호를 잘 키우면 제2의 염종석이 될 수 있다고 판단했다. 프로선수로 성공하는 세 가지 조건 중에 타고난 재능은 인정받은 것이다. 그러나 우리는 투수 이대호를 1군 마운드에서 볼 수 없었다. 고교 시절에 너무 많은 공을 던졌던 것일까. 어깨 상태가 좋지 않았다. 결국 프로에 들어오자마자 타자로 전향해야 했다.

야구에서 투수가 타자로 전향하는 건 빙판에서 쇼트트랙 선수가 스피드스케이트 선수로 변신하는 수준이라고 보면 된다. 공을 내려놓고 방망이를 잡는 것은 큰 모험이다. 우선 사용하는 근육 자체가 다르다. 투수는 수직 회전력을 이용해 투구하고 타자는 수평 회전력에 의해 타격한다. 훈련 방식도 당연히 다르다. 투수가 타자로 변신하려면 모든 것을 처음부터 다시 해야 한다. 그동안 공을 던지며 자리 잡은 뼈대와 근육을 바꿔야 하는 힘겨운 과정이다. 타격할 때마다 손목과 손가락에 가해지는 충격도 생소하다. 국민타자로 성공한 이승엽도 프로 데뷔 초기에 투수에서 타자로 보직을 바꾼 뒤 고질적인 엄지손가락 통증을 안고 뛰었다.

성공적인 전향을 위해서는 심리적인 부분도 극복해야 한다. 타석에서의 압박감은 마운드와는 또 다르다. 그리고 '타자로 성공할 수 있을까'라는 근본적인 두려움을 지워내야 한다.

대개 투수의 타자 전향은 구단이 선수에게 제시하는 마지막 대안인 경우가 많다. 한마디로 야구인으로서 생사가 걸린 중차대한 사안이다.

프로 1년차 투수 이대호는 어깨 부상으로 구속이 시속 10킬로미터 가량 뚝 떨어졌다. 입단 3개월 만에 찾아온 부상이었다. 당시 롯데 자이언츠의 양상문 투수코치는 그에게 타자 전향을 넌지시 권유했다. 프로생활을 접고 은퇴하기엔 아까운 재목이었다. 우용득 2군 감독도 이대호에게 방망이로 공을 쳐보라고 제안했다. 구단에서는 투수 이대호의 고교시절 타격 재능에 대해 알고 있었다.

통증으로 피칭이 힘들어진 이대호가 타석에 섰다. 처음엔 별 기대 없이 한번 해보기나 하자는 마음이었다. 그런데 놀라운 일이 벌어졌다. 타석에서 프리배팅볼 10개를 쳤는데, 8개가 담장을 넘어갔다. 맞는 족족 타구가 야구장을 쪼개듯 쭉쭉 뻗어나갔다. 그의 타격을 지켜보던 코치진의 입가에 미소가 번졌다. 타자로서의 성공 가능성을 확인한 이대호의 얼굴에도 흥분이 번졌다. 훗날 그는 당시 상황을 회상하며 "오랜만에 방망이를 잡았는데 너무 가벼웠다"라고 했다.

촉망받던 좌투수 이승엽이 프로에서 타자로 적응하는 데 걸린 기간은 3년이었다. 마찬가지로 이대호도 팀의 주전으로 자리 잡는 데는 3년이 걸렸다. 이승엽은 타자로 변신해 4년째에 3할 30홈런을 기록했고 이대호도 4년 만에 스무 개 홈런을 쏘아 올리며 거포형 타자로 인정받게 되었다.

이승엽과 이대호가 투수 유망주에서 최고의 타자가 될 수 있었던 건 타고난 재능이 분명히 역할을 했을 것이다. 그러나 포기하지 않고 그 재능을 만발하게 한 건 한마디로 '절실함'이었다.

　몸이 재산인 운동선수에게 3~4년의 시간은 무척 길다. 일반적인 직장인의 개념으로 보면, 거의 두 배 이상의 세월을 준비과정으로 보낸 것과 비슷하다. 한국을 대표하는 타자가 된 이승엽과 이대호는, 절실하지만 할 수 있다는 자신감으로 그 시련의 시간을 뛰어넘었다.

변화의 진화, 타자에서 홈런 타자로

● ● ●　'변화가 성공의 열쇠가 된다.'

　윈스턴 처칠은 "비관론자는 모든 기회에서 어려움을 찾고, 낙관론자는 모든 어려움에서 기회를 찾는다"라고 말했다. 주어진 상황에서 어떤 생각을 하는지에 따라 미래가 달라진다는 뜻이다.

　찰스 다윈은 진화론에서 "생존 경쟁의 결과, 그 환경에 맞는 것만 살아남고 그렇지 못한 것들은 도태된다"고 설명했다. 강한 자가 살아남는 것이 아니라 변화에 적응하는 자가 살아남는다는 의미를 내포하고 있다. 이는 생물의 진화론에 국한되지 않고 인간사회에도 똑같이 적용된다.

　그래서 다윈은 "생명체는 환경의 끊임없는 변화로 인해, 소멸

하거나 도태되거나 또는 진화하고 발전한다"며 "생물의 진화는 외부의 직접적인 영향에 의한 것이 아니라 생물 내에 있는, 즉 외부의 변화에 반응하는 힘에 의해 변화한다"라고 주장했다. 다시 말해, 강한 종이 살아남는 게 아니라, 외부 변화에 잘 적응해서 마지막까지 살아남는 종이 결국 강한 종이라는 의미다.

한국야구를 대표하는 이승엽, 이대호, 추신수, 그리고 일본 홈런왕 오사다하루(왕정치), 여기에 미국야구의 영원한 아이콘 베이브 루스까지. 이들 다섯 명의 공통점은 최고의 강타자라는 것이다. 5툴 플레이어 추신수를 빼면 야구장 안쪽보다 바깥쪽으로 타구를 즐겨 날리는 홈런 타자의 대명사이기도 하다. 이들의 또 다른 공통점이 하나 있는데, 모두 촉망받는 투수 출신이었다. 이들은 투수에서 타자로의 변화를 받아들이고, 그에 맞게 자신을 진화시키며 최고의 강타자로 살아남았다.

같은 유니폼을 입는 야구선수이지만, 투수와 타자는 완전히 다른 메커니즘으로 움직인다. 투수가 타자로 전향한다는 것은, 지금까지 몸에 인이 되도록 배어 있는 것을 하나부터 열까지 모두 뜯어고치는 것이라고 보면 된다. 성공 여부도 불투명하다.

그래서 투수가 방망이를 잡고, 타자가 공을 잡는 것은, 생존의 갈림길에서 마지막에 선택하는, 확률 낮은 도전이다. 그러나 이대호를 비롯해 위에 열거한 이들은 변화와 그에 수반된 두려움이 아닌, 적응을 선택하며 인생을 걸었다. 그리고 힘든 변화의 과정 속에서 진화에 진화를 거듭하며 결국엔 가장 강한 종으로 우뚝 섰다.

야구를 잘 하는 아이들이 대개 그렇듯 이승엽도 학창시절 뛰어난 좌완 투수로 이름을 알렸다. 그는 청소년 시절 투수와 타자 양쪽에서 뛰어난 자질을 드러냈는데, 투수로 명성이 더 높았다. 대구 경상중학교 재학시절 노히트 노런을 기록했고, 경북고 시절엔 1993년 청룡기 대회에서 팀을 우승으로 이끌며 우수 투수상을 품에 안기도 했다.

그러나 고교시절 당한 팔꿈치 부상으로 인해 프로 데뷔 1년 만에 박흥식 타격코치의 권유로 투수에서 타자로 전격 전향했다. 당시 우용득 삼성 라이온즈 감독은 "부상으로 투수 훈련을 제대로 못 한다고 해서 방망이로 한번 쳐보라고 했는데, 받쳐 놓고 치더라. 딱 보니 훌륭한 타자감이었다. 타자로 뛰어보겠냐고 물어보니 좋다고 했다. 그런데 발이 느려 1루로 보냈다. 그때 1루수였던 양준혁은 발이 빨라 외야로 보냈다"라고 기억했다. 국민타자의 탄생 비화다.

이대호와 추신수도 유망한 투수 기대주였다. 이대호는 롯데 자이언츠 입단 후 참가한 첫 전지훈련에서 어깨 부상을 당했고 우용득 당시 2군 감독의 권유로 투수로 전향하게 된다. 우용득 감독은 이승엽에 이어 이대호의 투수 전향에도 결정적인 영향을 끼친 인물이 된다.

추신수는 고교시절부터 시속 150킬로미터 이상의 강속구를 던진 초특급 투수였다. 최고구속은 이대호의 공보다 빨랐다. 롯데 자이언츠로부터 1차 지명을 받은 추신수는 고교 졸업 후 KBO리그가 아닌 메이저리그 시애틀과 계약금 137만 달러에 계약하며 태평양을 건너갔다. 그런데 약관의 추신수는 미국 땅을 밟자마자 혼란에 빠지게 된다. 시애틀에서 그의 5툴 플레이어로서의 성공 가능성을 더 높게 사며 타자 전향을 권유했기 때문이다.

투수로 계약한 줄 알았던 추신수는 2001년부터 시애틀 산하 마이너리그에서 타자 겸 외야수로 뛰어야 했다. 그러나 스즈키 이치로의 존재 때문에 주전 기회는 쉽사리 찾아오지 않았다. 10년 넘게 마이너리그에서 눈물 젖은 빵을 먹어야 했고 한국으로 돌아가려고 짐을 쌌다가 풀기를 여러 번 했다. 그러나 2013년 텍사스와 초대형 계약을 성사시키며 메이저리그 성공신화를 쓰게 된다.

가장 힘들었던 시련을 이겨내고 최고의 타자로 우뚝서다

● ● ● 타자로서 성공 가능성을 확인한 것도 잠시, 이대호에게 두 번째 시련이 곧 찾아왔다. 살을 빼기 위해 무리하게 훈련하다가 무릎 연골 부상을 당했고 7시간의 대수술을 받았다. 부상만큼 선수를 위축시키는 것은 없다. 이대호는 은퇴를 진지하게 고민했

다. 술을 마셔야만 잠을 청할 수 있었다. 많게는 하루에 소주 30병을 마셨다. 낮에는 통닭과 라면 등으로 끼니를 때웠다. 그리고 밤이 되면 다시 술을 마셨다. 몸을 고치기 위해 수술을 했는데 3개월 만에 몸무게가 30킬로그램이 늘었다. 몸이 망가졌다.

그를 힘들게 했던 건 불투명한 미래였다. 타자로서 팀 내 입지가 확실하지 않았다. 선수 기용을 결정하는 감독이 이대호에게 거는 기대치도 높지 않았다. 그에게 다이어트를 지시한 백인천 감독은 구단에 직접 요청하지는 않았으나 주변에 공공연하게 "이대호를 트레이드하고 싶다"고 말했다.

여러 구단 중에 SK 와이번스가 관심을 가졌다. SK는 타자가 아닌 투수 이대호의 영입을 검토했다. 그때까지 투수 이대호에게 거는 기대감이 남아 있었다.

만약 시계를 되돌려, 이대호가 SK로 트레이드 됐다면 '조선의 4번 타자'는 탄생하지 않았을 것이다. 이대호는 그저 그런 평범한 투수로 프로생활을 마감했을 수도 있다.

그러나 다행히 롯데 구단 내에서 이대호를 '미래의 4번 타자감'이라고 내다본 지도자가 있었다. 당시 김용희 2군 감독을 비롯한 몇몇 지도자는 이대호의 트레이드를 반대했다.

투수에서 타자, 그리고 부상과 수술, 여기에 트레이드설까지 오르내리는 불안한 일련의 과정은 끊임없이 이대호를 흔들었다.

그러나 그는 나무가 나이테를 새기며 더욱 단단해지는 것처럼 파도처럼 몰려오는 고비를 이겨내며 언젠가 찾아올 녹음의 계절을 준비했다. 고난은 이대호를 더욱 강하게 만드는 담금질이었다. 그것도 받아들일 수 있는 그릇에 한정되지만 말이다.

그로부터 9년 후, 국내 프로야구에서 더 이상 오를 곳이 없어진 이대호는 2011년 시즌을 마치고 롯데 자이언츠에 결별을 고했다.

롯데는 팀을 대표하는 선수로 성장한 그에게 100억 원이라는 거금을 제시했다. 꿈이 작은 선수라면 그 돈에 만족하고 잔류했을지도 모른다. 익숙한 야구장에 자신을 응원해주는 팬들이 있고 팀에서는 최고 대우를 받으며 편하게 야구할 수 있다. 그리고 상대하는 투수를 꿰고 있어 새롭게 공부하고 대비할 필요도 없다.

그러나 이대호는 망설이지 않고 낯선 무대를 선택했다. 늘 서는 무대의 보장된 주인공을 박차고 나와 새로운 무대로 뛰어들었다. 더 강한 상대를 찾아 떠나는 무사처럼 말이다.

이대호가 걸어간 길을 보면, 그는 도전 자체를 두려워하지 않았다는 걸 알 수 있다.

일본으로 향한 이대호는 말도 잘 통하지 않는 낯선 그곳에서 우승컵을 품에 안으며 롯데 자이언츠 시절 못 다한 꿈을 이뤘다. 그것도 2년 연속 팀 우승에 큰 공을 세웠는데, 특히 2015년 재팬시리즈 우승에서는 명실상부한 주연으로 활약하며 최우수선수상까지 수상했다. 재팬시리즈에서 16타수 8안타 2홈런 8타점으로 불방망이를 휘두르며 소프트뱅크의 2년 연속 우승을 견인한 공로를 인정받았다. 먼저 일본 땅을 밟았던 선동열, 이상훈, 이종범, 이승엽, 김태균 등도 해내지 못한, 한국인으로서는 첫 번째 재팬시리즈 MVP였다.

"이번 2015시즌에서 우승의 주연 역할을 한 것 같아 기쁘다. 작년에 야구를 하며 첫 우승을 맛봐 기뻤는데, 조연에 그쳤다는 아쉬움과 팀에 대한 미안함이 있었다. 내년에는 조연이 아닌 주연이 되고 싶다고 말한 게 기억난다. 그 발언을 지키게 되어 기쁘다. MVP가 된 건, 내 앞에 주자가 많이 나가며 기회를 만들어줬다. 내가 한 일은 그저 주자를 홈으로 불러들이기만 했을 뿐이다. MVP는 동료들 덕이다. 2년 연속 우승을 차지해 기쁘다. 이제 편히 잠잘 수 있다. MVP 상금 500만 엔은 동료들과 식사하는 데 쓰겠다."
_ 이대호 인터뷰 중

우승과 MVP 소감을 밝히는 이대호의 표정은 군더더기 없이 밝았다. 목소리에는 자신감이 묻어났다. 자신의 공을 동료들과 나누는 모습에서는 팀의 리더와 같은 여유가 한껏 배어나왔다. 일본에서도 정점을 찍은 이대호의 다음 목표는 두 말 하면 잔소리. 바로 메이저리그였다.

고난은 있어도
포기는 없다

● ● ●　이대호는 2년 연속 재팬시리즈 우승을 하고 나서 가슴 속에 간직하고 있던 빅리그 도전의 꿈을 꺼냈다. 한국과 일본에 이어 미국까지 섭렵하는 최초의 한국인 타자가 되겠다는 사나이의 포부를 밝혔다. 그는 현실에 안주하지 않고 메이저리그를 정조준하며 또다시 도전에 나서는 것에 대해 이렇게 말했다.

"어렸을 때부터 야구선수라면 누구나 품고 있는 메이저리그 꿈을 향해서 마지막으로 도전하고 싶다. 어느덧 내 나이도 30대 중반이기 때문에 올해가 아니면 힘들 것 같았다. 마지막 야구 인생의 불꽃을 태우고 싶다. 일본 소프트뱅크를 떠나는 것은 아쉽지만 예전부터 미국에 가는 것을 꿈꿨다. 하지만 시즌에 들어가고, 경기를 하다 보면 그런 생각을 할 수 있는 여유가 없었다. 현재 상황만 생각했다. 하지만 항상 마음은 있었고, 재팬시리즈를 마친 뒤 최종 결정했다. 일본보다 적은 연봉을 제시 받더라도 어느 팀이든 뛸 수 있고, 날 필요로 한다면 갈 수 있다고 생각한다. 야구선수는 유니폼 입고 뛰는 게 가장 행복하다. 아시아에서 이름이 많이 알려졌고, 연봉도 많이 받았지만, 미국에 가면 신인이다. 신인의 자세로 다시 돌아가야 할 것 같다. 다시 야구를 배운다는 생각으로, 초심으로 돌아가겠다."

_ 이대호 인터뷰 중

　이대호는 메이저리그 도전을 선언하며 신인의 자세를 강조했다. 그러나 조금은 무모해 보이는 승부수였다. 이성적 판단이 아닌 어린 시절 야구를 시작하면서부터 가지고 있던 뜨거운 열망이 만들어낸 오판이었다. 그러나 그는 소프트뱅크가 제시하는 200억 원에 가까운 거금을 마다하고 신인으로 시작해야 하는 메이저리그행을 선택했다.

　이대호는 사실 2012년 오릭스와 계약하며 일본에 처음 진출했을 때 이미, 메이저리그 도전에 대한 꿈을 가까운 사람들에게만 밝힌 바 있다. 공식석상에서 언급한 것처럼 메이저리그는 어렸을 때부터 그가 가고자 한 마지막 목적지였다. 프로에 처음 입단해 어깨를 다쳐 타자로 전향하고, 타자 전향 후에는 무릎 수술을 받으며 뒤쳐졌을 때, 그 누가 상상이나 했을까. 이대호의 마음속에 메이저리그가 꿈틀거리고 있었다는 것을.

　닿기 힘든 것을 바라는 희망과 용기는 그것을 꿈꾸는 사람의 몫이다. 설령 무모해 보여도 꿈조차 꾸지 않으면, 그 꿈은 현실이 아닌 단지 꿈일 뿐이다. 가난한 사람은 돈이 없는 사람이 아니라 꿈이 없는 사람이다. 꿈은 우리의 습관과 생활, 그 모든 것을 바꾸는 힘을 가지고 있다.

　이대호는 주변에서 칭찬이 쏟아질 만큼 높은 곳까지 올라갔다.

본인 스스로를 칭찬해도 전혀 무색하지 않을 만큼 성공했다. 그러나 그의 행보에 안주는 없었다. 멈추는 순간부터 뒤쳐진다고 생각했다. 그리고 자신만만했다. 흔히 정상에 오른 이는 겸손하다고 한다. 올라가면 내려갈 곳이 보이기에 그렇다. 그러나 이대호는 겸손하지 않았고 늘 자신감이 넘쳤다. 왜냐하면 그는 더 높은 산을 향해 다시 도전하기 때문이다. 진정한 능력자는 잘 하는 사람이 아니라 잘 할 수 있다고 믿는 사람이다.

메이저리그 최초의 흑인 포수 로이 캄파넬라는 "야구선수의 마음속에는 소년이 살고 있어야 한다"고 했다. 이대호가 딱 그런 선수이다.

수많은 역경이 있었다. 어린 시절 가난으로 야구를 그만 둘 뻔했고 유일한 버팀목이었던 할머니는 고등학교 때 돌아가셨다. 프로에 투수로 입문했으나 곧바로 어깨 부상으로 1군이 아닌 뒷전으로 밀렸다. 투수로서 가능성이 사라지자 방망이를 잡았지만, 미래는 여전히 안개정국이었다. 무리한 훈련으로 무릎 수술을 받으며 은퇴를 결정할 정도의 나락으로 떨어졌다. 그러나 이대호는 그 많은 난관을 피하지 않고 끝내 정면 돌파했다.

넘을 수 없는 벽은 좌절을 불러일으킨다. 그러나 아무것도 없는 것처럼 보이는 판도라 상자에 마지막으로 남아 있던 것이 '희망'이었다. 고난은 벽이 되기도 하지만 그 벽을 뛰어넘는 순간 더 큰 추진력으로 작동한다. 어린 시절의 이대호는 검은 숯과 같았다.

그러나 견디기 힘든 고열과 압력을 이겨내며 찬란하게 빛나는 보석이 되었다.

숯과 다이아몬드의 기본물질은 같은 탄소 성분이다. 그러나 인고의 과정을 이겨내며 그 벽을 뛰어넘는다면 결과는 달라진다. 한낱 보잘 것 없는 숯덩이가 아름다움의 대명사 다이아몬드로 재탄생한다. 숯이 될 것인가, 아니면 다이아몬드가 될 것인가. 노력에 따라 결과는 달라진다.

물론 노력한다고 해서 이대호처럼 다 성공할 수 있는 건 아니다. 그러나 노력해서 실패한다면 그건 실패가 아니다. 홈런왕 베이브 루스는 714개의 홈런을 쳤지만, 두 배 가까운 1,330번의 삼진을 당했다. 피겨여왕 김연아는 트리플점프 5가지를 자기 것으로 만들기 위해 수만 번 빙판에서 넘어졌다. 미국 메이저리그 명예의 전당에 처음으로 입성한 '퍼스트 파이브(First Five)' 중 한 명인 크리스티 매튜슨은 "승리를 통해서는 작은 것을 배울 수 있지만, 패배로부터는 모든 것을 배울 수 있다"라고 했다.

세계 야구 역사의 홈런 레전드, 왕정치와 베이브 루스

일본에서는 오사다하루(왕정치)가 타자로 전향해 성공한 대표적인 사례다. 그는 외다리 타법이라는 독특한 타격폼으로 개인 통산 868개의 홈런을 기록하며 최고 타자의 자리에 올랐다. 868개 홈런(1959~1980년)은 배리 본즈가 가지고 있는 메이저리그 최다 홈런 기록인 762개를 100개 가까이 넘는 수치다. 왕정치도 요미우리 입단 당시 투수였다. 그러나 미즈하라 시게루 감독은 고졸신인인 그를 향해 "너는 투수로 성공하지 못한다"라고 했고, 가와카미 데스하루 코치도 "왕정치가 부드러운 투구폼에 비해 어! 하는 게 없다"고 말했다. 투수로서 성공할 만한 확실한 장점이 보이지 않았다는 평가다. 야구선수라면 누구나 투수를 동경하기에 왕정치도 "내일부터 너는 야수라는 말을 들었을 때 솔직히 슬펐다"라고 회고했다.

그러나 그는 마운드가 아닌 타석에서 화려하게 폭발했다. 그는 타자로서 홈런왕 15회, 타점왕 13회를 차지하며 최고 타자의 반열에 올랐고, MVP도 9차례 등극했다. 50홈런 이상을 3회 쳤고 만 35세의 나이인 1977년에 타율 0.324에 50홈런을 때려내며 선수의 황혼기에도 멈추지 않고 맹활약했다. 요미우리는 그의 등번호 1번을 감독직에서 물러날 때까지 30년간 영구결번(1959~1988년)으로 지정하며 예우했다. 일본에서는 그를 '세계의 홈런왕'이라고 불렀지만 미국에서는 '일본의 홈런왕'이라고 평가절하했다.

전설적인 홈런왕 베이브 루스는 미국야구 역사상 가장 쾌활하고 정감 있는 인물로 알려져 있다. 호탕한 악동으로도 유명한 그는 22시즌 동안 통산 714개(1915~1935년)의 홈런을 쳤다. 배리 본즈 등 여러 슬러거들이 스테로이드 복용으로 명예가 실추되면서 루스의 홈런은 더 가치를 인정받고 있다. 그는 미국 프로야구 초창기에 단호함과 의외성의 결정판인 홈런으로 미국야구의 토대를 닦은 장본인이다. 베이브 루스(Babe Ruth)의 홈런 기록은 깨진 지 오래지만, 미국인들은 루시안(Ruthian : 장쾌한, 비범한)이라는 단어로 그에 대한 경외심을 표현하고 있다.

루스는 714개의 홈런을 치기 전에 훌륭한 좌완 투수이기도 했다. 통산 기록이 100승에 가까운 94승 46패 방어율 2.28라는 준수한 기록을 남겼다. 열아홉 살이던 1914년 오리올스에 입단해 좌완 투수로 선수생활을 시작했는데, 첫 스프링캠프에서 한 코치가 덩치 큰 그를 보고 '베이브(풋내기)'라고 부르며 베이브 루스가 됐다. 본명은 조지 허먼 루스 주니어다. 그해 보스턴으로 이적해 3년간 마이너리그에서 65승 33패를 기록하며 당시만 해도 희귀했던 좌완 선발로 인정받게 된다. 그는 마이너리그 3시즌 동안 9개의 홈런을 치는 다재다능한 타자이기도 했는데, 메이저리그에 올라가서는 1918년 11홈런을 치며 뜨거운 타격감을 분출하기 시작했다.

보스턴 구단에서도 루스가 4경기 중에 3경기를 벤치에 앉아서 보게 하기엔 너무 아까운 선수라는 사실을 알게 됐다. 그래서 선발투수가 아닐 때는 외야수나 1루수로 나가 11홈런에 3할을 쳤다. 마운드에서의 활약도 이어졌다. 그해 월드시리즈에서 두 번 선발 출전해 방어율 1.06을 기록했다. 이듬해인 1919년부터는 130경기에서 17번 등판했고, 대부분 타자로 활동하며 29홈런에 타율 0.322를 기록했다. 1920년 양키스로 이적한 이후엔 타격에 주력하게 된다. 투수로 딱 한 번 마운드에 올랐고 타석에서는 54홈런을 쳤다. 1921년엔 59홈런으로 팀을 동부지구 우승으로 이끌었다. 보스턴은 루스를 팔고나서 86년간 월드시리즈 우승과 인연을 맺지 못했다. 1918년 우승 후 2004년이 되어서야 월드시리즈 우승 숙원을 풀었다.

국내에도 베이브 루스처럼 투타에서 뛰어난 재능을 갖춘 선수가 존재했다. 고교시절에는 투타 겸업이 흔하지만, 프로에서 투수와 타자 양쪽에서 두각을 보이기는 어렵다. 그러나 김성한은 달랐다. 그는 프로에서 뛴 14시즌(1982~1995년) 동안 타점왕 2회, 홈런왕 3회, 최다안타 2회를 기록했다. KBO 최초 20홈런-20도루를 기록했고, KBO 최초 30홈런을 돌파했다. 기록에서 보듯 그는 타자로서의 경력이 화려하다. 그는 프로야구 원년인 1982년에 13홈런 3할 타율에 69타점으로 타점왕을 거머쥐며 첫 해부터 거포로서 인정받았다. 놀라운 점은 같은 해인 1982년에 투수로서 10승을 기록했다는 점이다(김성한은 1985년까지 해태에서 투수를 겸업했다). 김성한이 투타를 함께 한 건 해태가 프로야구 원년에 14명이라는 초미니 선수단으로 출발했기 때문이었다.

Chapter 4

좋은 경쟁자는
훌륭한 자극이다

"친구란 두 개의 몸에 존재하는 하나의 영혼이며, 제 2의 자신이다."
_ 아리스토텔레스

 성공을 하려면 성공하는 방법을 알아야 한다. 그리고 그 방법이 자신을 성공으로 이끈다고 믿어야 한다. 성공을 위해 꿈만 꾸는 사람은 실패한다. 몽상으로 끝나기 십상이다. 단계별로 성공하는 계획표가 있어야 한다. 정확한 목표점이 있어야 한다는 것이다. 그래야 흔들리지 않고 방향타를 잡을 수 있다. 바다를 건너야 하는데 뚜렷한 목표가 없다면 수영이 아닌 등산 훈련을 하는 패착을 저지르게 된다.
 성공을 맛보지 않은 이에게 성공은 가보지 않은 길과 같은데, 이대호에게는 추신수라는 훌륭한 내비게이션이 있었다. 두 선수는 어릴 때부터 함께 우정을 나누며 경쟁했다. 고교 졸업 후, 태평양을 건너 성공한 추신수를 보며 이대호는 무슨 생각을 했을까.
 이대호는 친구 추신수가 어느 정도의 기술과 노력을 통해 그곳까지 도달했는지 알고 있었다. 그렇기 때문에 메이저리그행을 주변에서 만류하는 상황에서도, 이대호 본인만큼은 이미 자신의 성공 가능성을 충분히 짐작할 수 있었다.

성공의 기본은 자신감이고 성공의 힘은 믿음에서 나온다. 이대호가 메이저리그에 도전장을 내밀었을 때, 뚱뚱하고 느리다는 편견으로 평가절하됐지만, 그는 성공할 수 있다는 신념으로 가득 차 있었다. 그의 눈앞에서는 먼저 도착한 친구가 "너도 할 수 있어. 어서 와!"라고 손을 내밀고 있었다.

우리가 갖고 태어나는 그릇의 크기는 정해져 있지 않다. 그 속에 무엇을 담을지에 따라 그 사이즈는 커지기도 작아지기도 한다.

초청선수로 마이너리그 계약을 맺고 미국에 도착한 이대호는 바늘구멍 같았던 경쟁을 뚫고 당당하게 메이저리그 멤버가 됐다. 그리고 빅리거 첫 해에 '최고의 마이너리그 계약 선수'로 선정됐다. 마이너 계약을 맺었지만, 메이저리그에서 가장 두드러진 활약을 펼쳤다는 공식적인 인정을 받은 것이다.

추신수, 이대호를 야구로 이끌다

● ● ● 친구 따라 강남을 간다고 하는데, 이대호는 친구 따라

야구를 하다가 메이저리거가 됐다.

둘의 첫 만남은 초등학교 3학년 때였다. 막 열 살이 된 추신수는 야구부가 있는 부산 수영초등학교로 전학을 왔는데 같은 반에 이대호가 있었다. 운명 같은 만남의 시작이었다. 추신수는 다른 아이들보다 머리 하나가 더 큰 이대호에게 "함께 야구를 하자"며 그의 손을 그라운드로 이끌었다.

추신수는 이대호와의 만남을 이렇게 기억한다.

"초등학교 3학년 때 야구를 하러 전학을 갔다. 반에서 인사를 하는데 뒤에 고등학생 한 명이 앉아 있었다. '저 애는 뭐지?' 눈에 띄게 큰 덩치였다. 저렇게 큰 3학년이 있나? 키가 170센티미터는 돼보였다."

추신수는 야구부 감독에게 "고등학생 덩치를 가진 친구가 있다"고 말했다. 하드웨어가 좋다는 말에 솔깃한 감독은 "빨리 데리고 오라"고 했다. 야구는 공을 빨리 던지고 방망이를 강하게 휘두르는 운동이다. 순발력과 센스가 필요하지만 아무래도 인풋이 좋으면 아웃풋도 좋다. 신체조건이 좋을수록 운동능력 지수가 높아지는 것이다.

그런데 이대호는 함께 야구하자는 전학생 추신수의 권유를 수차례 마다했다. 하지만 추신수는 끈질겼다. 결국 대호는 신수의 삼고초려 끝에 야구부원이 됐다. 어린 날의 친구에서 훗날 야구 라이벌이 되는 길은 그렇게 시작됐다.

추신수는 "내가 인도하지 않았어도 대호는 야구를 하지 않았을까 싶다"라고 말하기도 했지만, 같은 반 이대호에게 야구 유니폼을 입히며 인생의 새로운 전환점을 마련해준 이가 추신수라는 걸 부인할 수 없다.

이대호도 추신수와의 첫 만남을 이렇게 기억한다.

"맨 뒷자리에 앉아서 봤는데 키가 작았던 그 아이는 까무잡잡한 피부에 귀여운 얼굴이었다. 야구부 유니폼을 입고 있었는데 귀엽다는 생각이 들었다."

그 아이가 바로 추신수였다. 그는 이대호에게 야구를 같이 하자고 졸랐고, 대호는 그때마다 싫다고 했다. 신수는 작전을 바꿨다. 야구하는 거 보러 구경이나 오라고 꼬드겼다. 일요일 오전, 어린 대호는 심심한 마음에 야구부가 연습하는 곳으로 갔다. 그런데 야구부 아이들이 작은 공 하나를 가지고 연습하는 게 너무 재미있어 보였다.

이대호는 그날 저녁, 할머니에게 "나 야구 할래"라고 말했다. 할머니가 힘드실까봐 고민했지만, 야구를 하고 싶다는 생각이 입으로 흘러나왔다. 할머니는 "뭔 소리 하노!"라고 손을 휘휘 저으셨지만, '하고 싶다'는 희망으로 가득 찬 어린 손자의 눈망울을 차마 외면하지 못했다. 야구를 좋아하는 삼촌들도 돕겠다며 한번 시켜보자고 했다.

고맘때 남자 아이들이 대부분 그렇듯 대호도 야구를 좋아했다.

쉬는 날이면 동네에서 형과 함께 공놀이를 했다. 그러나 신수가 야구부에 들어오라고 했을 때 "싫다"라고 말해야 했던 이유가 있었다. 할머니에 대한 걱정이었다. 대호는 어린 나이였지만 야구를 하려면 돈이 들어간다는 것을 알고 있었다. 가정 형편이 어려웠던 그는 초등학교 시절 일체의 과외활동을 하지 않았다. 그래서 야구가 하고 싶었지만 "안 한다"고 거절해야 했다.

자신이 야구를 하게 되면 할머니는 더 일찍 일어나 콩잎에 된장을 발라야 했고, 반찬거리를 조금이라도 더 팔아야 한다는 현실을 알고 있었다. 할머니를 생각하면 선뜻 야구부에 들어가고 싶다고 말할 수 없었다. 그러나 신수를 비롯해 아이들이 흰색 유니폼을 입고 훈련하는 모습은 어느새 이대호의 마음을 그라운드로 이끌었다.

이대호 vs. 추신수, 라이벌 열전

● ● ● 이대호는 야구에 입문하자마자 두각을 나타냈다. 덩치가 컸지만 유연하고 힘이 좋았다. 그리고 기본기에 충실한 감독의 지도 덕분에 단단한 벽돌을 쌓아가듯 야구를 흡수할 수 있었다. 추신수와 펼치는 선의의 경쟁도 재미있었다. 추신수는 잘 알려진

것처럼 롯데 자이언츠의 레전드 박정태의 조카다. 추신수는 어릴 때부터 외삼촌이 야구하는 모습을 보며 꿈을 키웠다. 그는 이대호보다 덩치는 작았지만 힘이 좋았다. 승부욕이 강해 이대호와 초등학교 시절 내내 경쟁했다.

수영초등학교 야구부는 이대호-추신수의 쌍두마차로 지역 리그를 휩쓸었다. 100경기를 하면 95번을 이겼다. 키가 작았지만 빠른 공을 던지는 추신수와 좋은 신체조건으로 강한 공을 뿌리는 이대호가 마운드에서 원투펀치로 나서면 상대팀은 점수를 뽑지 못했다. 10:1, 10:2 등 큰 점수 차이로 완승을 거두었다.

한번은 수영초등학교가 전국대회에 출전했는데, 이대호는 팔이 아파 휴식을 취하고 추신수가 혼자 던진 경기가 있었다. 추신수에 앞서 다른 투수가 먼저 선발 등판했는데, 3회까지 5실점 했다. 그러나 수영초 야구부는 추신수가 등판하고 나서 따라잡기 시작해 5:5 동점을 만들었다. 추신수는 마운드에서 무실점 역투를 했고, 타선은 그를 믿고 힘껏 방망이를 휘두르며 경기를 원점으로 돌렸다.

그런데 수영초는 그날 경기 막판에 실책 하나를 저지르며 5:6으로 1점차 패배를 기록하게 된다. 그리고 수영초를 꺾고 올라간 서울 연고의 그 상대팀은 전국대회에서 우승을 차지했다. 가정이지만, 이대호가 그 경기에서 뛰었다면 전국대회 우승컵의 주인공은 바뀌었을지 모른다. 그만큼 이대호와 추신수의 수준은 또래 아이들 중에 최상위권이었다.

두 에이스는 초등학교 졸업 후, 라이벌의 길을 걷게 된다. 이대호는 장학금과 숙식이 제공되는 대동중학교에 진학했고, 추신수는 부산중학교에 입학했다. 고등학교도 달랐다. 이대호는 경남고, 추신수는 부산고 유니폼을 입었다. 특히 경남고와 부산고는 부산을 대표하는 야구 명문으로 그곳에서 이대호와 추신수는 팀의 에이스 투수와 4번 타자를 겸임했다. 양대 명문고교에서 두 선수는 3년 내내 치열하게 대결했다. 결과는 막중세였다. 이대호와 추신수가 고등학교 3학년 때, 경남고와 부산고는 2승 2무 2패를 기록하며 우위를 점하기 힘든 자존심 싸움을 했다.

세계청소년 야구선수권 출전, 비밀병기 이대호

● ● ● 두 선수의 자존심 싸움이 어느 정도였냐 하면, '네가 치면 나도 친다'였다. 이대호가 선발투수로 등판하면 타석의 추신수가 홈런을 쳤다. 공수교대 후 추신수가 투수로 마운드에 오르면 이번엔 이대호가 담장을 넘기는 일도 있었다. 질풍노도의 시기에 만난 두 에이스는 각각 모교의 자존심을 걸고 뜨거운 맞대결을 펼쳤다. 적으로 만나게 되었지만, 고교시절의 두 선수는 서로를 더

높이 올려주는 그런 존재였다. 그 모습 또한 우리는 '친구'라고 부른다.

그렇게 주거니 받거니 경쟁했던 이대호와 추신수는 나란히 청소년 야구대표팀에 승선한다.

두 선수는 2000년 캐나다 에드먼턴에서 열린 '세계청소년 야구선수권 대회'에 태극마크를 달고 참가하게 되는데, 1982년에는 유난히 많은 야구 천재들이 태어났다. 이대호, 추신수를 비롯해 김태균, 정근우, 정상호, 이동현 등 한국야구를 대표하는 선수들이 세상의 빛을 봤다.

이들은 그 대회에서 서로 힘을 합쳐 금메달을 따냈다. 그런데 당시 이대호의 합류는 의외라는 반응이 있었다. 왜냐하면 이대호가 다닌 경남고는 부산지역에선 부산고의 야구 라이벌로 이름이 높았지만, 전국대회에서는 이렇다 할 성적을 내지 못했다. 경남고는 부산고에 번번이 발목이 잡히며 예선전을 통과하지 못했다. 이대호의 존재도 진흙 속의 다이아몬드처럼 부산에 묻혀 있었다.

그러나 청소년 대표팀의 지휘봉을 잡고 있던 故조성옥 감독은 망설이지 않고 그를 추천했다. 여기엔 운이 따랐다. 조 감독이 부산고 사령탑이었기 때문이다. 조 감독은 평소 이대호가 경기하는 모습을 보며 그의 기량을 익히 알고 있었다. 그래서 청소년 대표팀에 꼭 필요한 인재라고 생각해 주저하지 않고 발탁했다.

처음으로 비행기를 타고 해외로 향하는 이대호의 가슴은 설렜다. 초등학교 야구부 시절, 일본에 가면서 첫 해외 경험을 했지만, 그때는 비행기가 아닌 배를 타고 갔다. 10시간 넘게 비행기를 타고 태평양을 건너가긴 처음이었다. 게다가 가슴에는 국가를 대표하는 태극마크가 붙어 있었다. 열여덟 살 이대호의 가슴은 요동쳤다. 조 감독은 그런 그에게 "너는 대표팀의 비밀병기"라고 귀띔했다.

예선 첫 상대는 남아프리카공화국이었다. 선발투수로 등판한 추신수는 1.1이닝 무실점으로 컨디션을 조절했고 클린업 트리오에는 추신수(투수→중견수), 이대호(3루수→투수), 김태균(1루수)이 출전했다. 이대호는 네 번째 투수로 나와 1이닝을 던졌는데 무실점 2삼진으로 잘 던졌다. 밥상을 차리는 역할의 테이블 세터에는 추신수와 그의 부산고 동기인 정근우가 배치되어 공격의 물꼬를 열었다. 주장은 넉살좋고 사교성이 풍부한 정근우의 몫이었다.

2차전은 대회 주최국인 캐나다였다. 이 경기에서 청소년 대표팀은 5:5로 맞선 8회에 결승점을 내주며 5:6으로 아깝게 1점차 석패했다. 그러나 패전 이후 청소년 대표팀은 집중력을 한데 모아 연승가도에 올라타게 된다. 3차전 상대 네덜란드는 7회 콜드게임으로 눌렀는데, 이대호가 홈런 2방으로 타점을 쓸어 담으며 공격을 이끌었고, 천안북일고의 김태균이 4안타를 몰아치며 압승을 지원했다.

4차전에서는 강팀 미국을 만나 6:2로 승리했다. 성남고 김주철이 5.1이닝 2실점으로 승리투수가 됐고, 추신수가 나머지 3.2이닝을 무실점 쾌투로 매조졌다. 청소년 대표팀은 결승전에서 미국을 다시 만나게 된다. 5차전 상대인 중국은 13:2, 7회 콜드게임으로 가볍게 제압했다.

82년생 야구 천재들과 이뤄낸 생애 첫 금메달

● ● ● 준준결승전(8강전)에서는 훗날 이대호보다 먼저 일본 프로야구에 진출하게 되는 김태균이 펄펄 날았다. 결정적인 홈런 2방을 때려냈다. 2:3으로 뒤진 5회에 왼쪽 담장을 넘어가는 역전 3점 홈런을 때려냈고, 7회에는 승부에 쐐기를 박는 2점 홈런을 터뜨렸는데, 야구장에서 가장 먼 가운데 담장을 넘겼다. 추신수는 두 번째 투수로 나와 6.1이닝 동안 11개의 삼진을 잡아내는 괴력을 발휘하며 승리투수가 됐다.

김태균에게도 캐나다에서의 그날들은 잊히지 않는 즐거운 추억이었다. 그 역시 처음으로 비행기를 타고 바다를 건넜다. 대표팀 내부에는 전국에서 야구 좀 한다는 친구들이 다 모여 있었기에 보이지 않는 경쟁 심리가 존재했다. 그 경쟁은 청소년 대표팀을 더 높은 곳으로 끌고 올라가는 힘이 됐다.

훈련을 많이 시키기로 유명했던 조성옥 감독도 어린 태극전사들을 하나로 만드는 데 일조했다. 야생마처럼 혈기 왕성한 10대 후반 선수들의 입에서 단내가 날 정도로 강훈련을 시켰다. 선수들은 10시간 넘게 달리고 뛰고 뒹굴었다. 그들은 함께 고생하며 엿처럼 끈끈해졌는데, 힘든 상황을 공유하면서 더 친밀해졌다.

김태균은 그때 고등학생 이대호를 처음 봤는데 또래보다 머리 하나가 더 크고 몸무게가 90킬로그램이 넘는 거구에 살짝 놀랐다. 추신수는 전국대회에서 몇 번 대결하며 알던 사이였다.

청소년 대표팀은 8강전에서 김태균의 홈런 2방을 포함한 맹타에 힘입어 준결승(4강)에 진출했다. 결승을 향한 마지막 관문인 준결승에서는 이대호가 팀을 이끌었다. 4번 타자로 출전해 2회 큼지막한 2루타에 이어 1:2로 뒤진 4회에는 선두타자로 나와 좌측 담장을 넘기는 홈런을 때려냈다. 이대호가 앞장서서 힘껏 방망이를 휘두르자 침묵하던 타선에 불이 붙었다. 태극전사들은 준결승에서 7:3으로 호주를 꺾고 마지막 무대로 향했다.

예선에 이어 결승에서 다시 만난 미국은 만만치 않았다. 태극전사들은 미국을 상대로 초반부터 수세에 몰리며 고전했다. 조성옥 감독은 0:5로 뒤진 상황에서 이대호의 등판을 지시했다. 이대호는 "지고 있을 때 나가는 게 무슨 비밀병기입니까"라고 투덜거렸지만, 팀의 세 번째 투수로 등판해 4.1이닝 동안 무실점으로 미국 강타선을 틀어막으며 반전의 발판을 마련했다. 이대호가 무실점 역투하며 결승전다운 접전이 펼쳐졌고 양 팀은 6:6 상황에서 연장승부에 돌입했다. 그리고 연장 11회, 한국은 상대 투수의 폭투를 틈타 1점을 뽑았다. 승리가 품에 안기는 듯했다. 그러나 곧바로 동점을 허용하며 연장전이 계속됐다. 길었던 승부는 13회에 갈렸다. 속초상고 박명옥이 2루수 글러브를 맞고 외야로 빠져나가는 결승 2타점 적시타를 치며 한국 청소년 대표팀의 우승에 마침표를 찍었다.

캐나다에서 열린 이 대회에서 이대호는 타자로서는 5할 타율(30타수 15안타 3홈런 10타점)의 화끈한 타격감을 보였고, 마운드에서는 결승전 비밀병기로 투입되어 역전 시나리오의 뼈대를 세웠다. 이대호는 남아공과의 예선 1차전에서 1이닝을 던지고 난 뒤 한참동안 마운드에 오르지 않다가, 결승전 마운드에서 호투하며 비밀병기 역할을 톡톡히 해냈다.

대회 최우수 선수로는 추신수가 뽑혔다. 그는 타석에선 타율 0.263을 기록하며 크게 도드라지지 않았으나, 투수로는 21이닝을 던져 7실점에 방어율 3.00으로 팀의 에이스 역할을 충실히 해냈다. 최우수 선수와 함께 최우수 왼손투수상까지 거머쥔 추신수는 이 대회에서 메이저리그 스카우트의 눈에 띄며 고교 졸업 후 국내 프로야구가 아닌 미국 메이저리그 시애틀 매리너스의 러브콜을 받게 된다. 미국에 진출한 추신수는 시애틀에 이어 클리블랜드 인디언스와 신시내티 레즈에서 공격, 수비, 주루를 모두 겸비한 선수로 활약하며 2013시즌을 마치고 텍사스 레인저스와 7년간 총액

1억 3,000만 달러의 잭팟을 터뜨리며 아메리칸 드림을 완성했다.

이대호는 어린 시절부터 함께 운동한 고향친구 추신수의 해외 진출을 축하하고 응원했다. 그러나 자신보다 한 발 앞서 해외리그에 진출하는 추신수의 모습은 묘한 경쟁심을 불타오르게 했다. 추신수가 떠나고 난 뒤 16년이 흘러서야 이대호도 미국에 진출하게 되는데, 조선의 4번 타자가 된 이대호가 한국과 일본 프로야구를 평정하고 나서 메이저리그까지 멈추지 않고 진격하게 한 최고의 자극제는 바로 추신수라고 할 수 있다.

한편 82년 동기생들과 생애 첫 우승을 확정한 이대호에게 잊지 못할 에피소드가 있었다. 목에 금메달을 걸어보지 못했을 뿐더러 동기들과 우승의 기쁨도 함께 나누지 못한 것이다.

사연은 이랬다. 우승이 확정되자 이대호 옆에 대회 관계자와 경찰이 나타났다. 하필 이대호가 도핑 테스트 명단에 포함되어 검사를 받으러 가야 했고, 우승 세리머니에 참석하지 못하게 됐다. 그가 돌아왔을 때 동료들은 우승 뒤풀이를 다 끝내고 이미 버스에 타고 있었다.

이대호는 "첫 우승이라 태극기를 들고 한 바퀴 돌고 싶었는데, 도핑 테스트를 받느라 짜릿한 우승의 감격을 전혀 느끼지 못했다. 너무 아쉬웠다. 이게 우승인가 싶었다"라며 "그 다음부터는 대표팀에 갈 때마다 도핑 테스트만 걸리지 말아야 되겠다고 생각했다"라고 남다른 각오(?)를 다지기도 했다.

마침내 빅리그에서 만난
이대호와 추신수

● ● ●   고교시절인 2000년 세계청소년 야구선수권 대회 이후 헤어진 두 선수는 사뭇 다른 길을 걸었다. 추신수는 시애틀 매리너스와 계약을 맺고 '아메리칸 드림'에 도전했고, 이대호는 롯데 자이언츠에서 '조선의 4번 타자'로 성장했다. 추신수가 클리블랜드에서 기회를 잡은 뒤 신시내티를 거쳐 텍사스에서 잭팟을 터트리는 동안, 이대호는 세계신기록인 9경기 연속 홈런을 때려내며 일본 프로야구로 진출했다. 일본에서는 재팬시리즈 MVP에 등극하며 승승장구했다.

두 선수는 2009년 WBC(월드베이스볼클래식)와 2010년 광저우 아시안게임에서 태극마크를 달고 한솥밥을 먹었지만 같은 리그에서 만나지는 못했다.

한국야구의 황금세대 '82년생'의 주축인 추신수와 이대호는 고교 졸업 후 16년이 지나 같은 리그에서 조우했다. 그것도 모든 야구선수가 꿈꾸는 최고의 무대에서 말이다. '추추트레인'과 '빅보이'가 한 자리에 모이며 만화 같은 현실이 이뤄진 것인데, 서른네 살 동갑내기 친구들이 25년 전 부산 수영초등학교에서 맺은 도원결의를 메이저리그에서 실현한 것이다.

2016년 4월 5일. 미국 텍사스주 알링턴의 글로브 라이프 파크에서 시애틀 매리너스와 텍사스 레인저스의 시즌 개막전이 열렸다. 텍사스의 홈구장에서 열린 이날 경기에서 추신수는 2번 타자 겸 우익수로 선발 출전했고, 이대호는 경기 후반에 대타로 나왔다.

  7회 원정팀인 시애틀이 2:3으로 1점차로 지고 있는 1사 1, 2루 상황에서 이대호가 레오니스 마틴을 대신해 대타로 등장했다. 수비하던 추신수는 우익수 자리에서 이대호의 등장을 지켜봤다. 그러나 우정은 우정, 승부는 승부였다. 고등학교 졸업 후 16년 만의 맞대결은 반가웠으나, 1점차의 치열한 승부가 진행 중이었다. 대타 이대호가 큰 것 한 방을 날리면 팀이 역전 당하는 중요한 타이밍이었다.

  "대호가 너무 중요한 상황에서 나왔다. 메이저리그 첫 타석인데, 중요한 상황에서 나와 많이 떨렸을 거다. 수비하는 나 역시 대호가 나오는 걸 보고 소름이 돋을 정도였다. 친구이지만, 상대팀이라 치기를 바라진 않았다. 대호가 치면 동점이나 역전이 되는 상황이었기 때문이다. 조금 더 안정적인 상황에서 나왔다면 마음속으로 응원했을 것이다. 그러나 일단 우리팀이 이겨야 했다. 오늘 대타로 나왔는데, 내일 선발로 나오면 한 타석만 하는 것과는 많은 차이가 있을 것이다."
  _추신수 인터뷰 중

추신수는 메이저리그에서 해후하게 된 이대호의 등장에 잠시 소름이 돋았지만, 응원은 다음에 하기로 하며 외야수 글러브에 힘을 꾹 주었다. 그리고 이대호의 방망이가 나오는 스윙에 촉각을 곤두세웠다.

외야수는 투수가 던진 공이 타자의 방망이에 맞는 순간의 타구 각도와 파열음을 통해 낙구지점을 예상해 달린다. 한 발을 먼저 움직이느냐 아니냐에 따라 드넓은 외야로 향하는 타구는 안타가 되기도 하고 플라이아웃의 운명을 맞기도 한다.

타석의 이대호는 외야에서 추신수가 지켜보고 있다는 걸 알았지만, 아직 그곳까지 신경을 쓸 여유가 없었다. 추신수는 메이저리그에서 최고 대우를 받는 톱레벨의 선수이고 자신은 이제 첫 발을 내딛는 루키에 불과했다.

한 타석 한 타석이 중요했고, 주어진 작은 기회에서 반드시 실력을 보여줘야만 했다. 그래야 팀에 필요한 백업선수라는 것을 벤치에 어필할 수 있는 처지였다.

이대호는 타석에서 투수와의 승부에 집중했다. 늘 꿈꿔왔던 메이저리그 첫 타석이었다. 이대호의 클러치 능력에 높은 점수를 주고 있던 스콧 서비스 감독도 이대호의 첫 무대를 주의 깊게 살폈다.

상대 선발은 텍사스의 좌완 에이스 콜 헤멀스였다. 그의 주무기는 오른손 타자의 방망이 밖으로 빠져나가는 체인지업이었다. 이대호는 헤멀스의 결정구로 체인지업을 예상하고 타석에 임했지만, 아쉽게도 헛스윙 삼진을 당하며 흥분과 설렘이 교차했던 첫 타석을 마쳤다. 헤멀스의 체인지업은 메이저리그에서도 손꼽히는 위력을 가지고 있다고 정평이 자자했는데, 이대호처럼 처음 그 공을 접하는 타자가 받아치기는 힘들었다. 대타 임무를 완수하지 못한 이대호는 내일 경기를 기약하며 더그아웃으로 돌아가야 했다. 이날 승리는 텍사스 레인저스가 7이닝 2실점으로 호투한 헤멀스를 앞세워 가져갔다.

오랜 친구는 가장 좋은 거울이자 자신의 성공을 가늠하는 잣대

● ● ●　다음날 경기에서 이대호와 추신수의 진짜 만남이 성사됐다. 1루를 발 아래에 두고, 두 사람이 나란히 서서 이야기하는 모습이 중계 카메라를 통해 미국과 국내 야구팬에게 비춰졌다. 꿈의 구장에서 두 선수가 조우하며 한 프레임이 가득 채워졌다.

둘의 랑데부는 경기가 시작되자마자 성사됐다. 1회말 타석에 들어선 추신수가 시애틀 매리너스의 일본인 우완 선발투수 이와쿠마 히사시의 초구에 오른쪽 허벅지를 맞고 출루했다. 선발로 나와 1루 수비를 보고 있던 이대호가 다가오는 추신수에게 "괜찮나?"라고 물었다. 눈빛을 교환한 두 선수는 서로에게 미소를 날렸다. 사나이끼리의 조금은 어색한 미소였다. 말주변이 좋은 이대호가 먼저 추신수의 엉덩이를 툭 치며 "어릴 때 청백전 하던 느낌이다"라고 방싯했다. 어린 꼬마가 아닌 이제는 훌쩍 어른이 되어버린 부산 사나이들의 만남이었다.

추신수보다 이대호의 감회가 더 남달랐다. 추신수는 메이저리그에서 수없이 많은 경기를 치른 베테랑 선수. 그러나 자신은 이제 막 첫 발을 내디딘 신인의 신분. 모든 게 설렘과 흥분의 대상이었다. 야구장의 작은 것 하나하나가 새롭게 다가왔다. 그라운드의 잔디조차 낯설게 느껴질 정도였다.

그러나 친구와의 만남은 드디어 자신이 메이저리그에 도착했다는 것을 알려주는 시그널이었다. 추신수는 이대호를 '별들의 무대'까지 이끈 나침반이자 중요한 이정표였다. 추신수라는 오랜 친구는 이대호에게 가장 좋은 거울이었던 것이다.

"이번에 시애틀 매리너스와의 3연전에서 두고두고 잊지 못할 추억이 생겼다. 알려진 대로 초등학교 친구 대호랑 메이저리그 경기장에 같이 섰다. 대호가 1루 수비를 보고, 내가 몸에 맞는 공으로 출루하면서 베이스를 사이에 두고 수비와 주자로 만남을 가졌다. 두 사람이 함께 서 있는 모습이 중계 카메라에 잡혔다면 우리의 모습이 어떻게 비춰졌는지 궁금하다. 지금까지 메이저리그에서 뛰며 1루에서 한국어로 대화를 나눈 기억이 없었다. 몸에 맞는 볼로 출루했을 때 1루 수비수가 나를 환한 표정으로 맞이한 일도 이번이 처음이었다. 대호가 정말 나를 반갑게 맞이했다. 나 또한 기분이 좋아서 영어가 아닌 한국어로 짧은 시간 동안 많은 얘기를 나눴다. 몸에 맞는 공 이후에 볼넷으로 연속 출루해 또 대화를 나눴다. 타석에 나갈 때마다 자꾸 1루로 가고 싶더라. 마치 대표팀에서 연습 게임하는 느낌이었다고나 할까? 올시즌 같은 지구에 속해 있는 시애틀 매리너스와 앞으로도 자주 만나게 될 텐데, 서로가 잘 하길 응원하겠다."
_ 이영미 기자의 '추신수의 MLB일기' 중

두 선수는 경기 후 달라스에 있는 한국 식당에서 만나 오랜만에 회포를 풀며 이야기꽃을 피웠다. '유붕자원방래 불역락호(有朋自遠方來 不亦樂乎).' 벗이 먼 곳에서 찾아오면 또한 즐겁지 아니하겠나!

추신수가 이대호를 야구장으로 이끈 그 순간부터 이어져온 친구이자 라이벌인 두 사람.

서울대 분당병원 정신의학과 신상호 전문의는 이대호와 추신수의 관계에 대해 이렇게 말한다.

"이대호 하면 추신수를 빼트릴 수 없는데, 아마 이대호에게 추신수는 경쟁자이자 도움을 주는 친구일 것입니다. '죽마고우' 사이에는 그런 게 있어요. 말 한 마디만 해도 다 알 수 있는 공통된 사인이 있죠. 이대호가 무모해 보였던 미국 도전을 선언했을 때, 추신수의 존재가 큰 힘으로 작용한 게 분명합니다. 어린 시절을 함께 한 친구끼리는 서로 세세하게 말하지 않아도 통하는 게 있기 마련이죠. 우리가 보통 잘 모르는 사람에게 무언가를 설명하려면 한참 시간이 걸리죠. 그럼에도 오해가 생깁니다. 그러나 이미 미국 무대를 경험한 추신수의 한 마디는 이대호의 선택에 중요한 역할을 했을 것입니다.

그리고 추신수는 이대호에게 가장 확실한 기준이라고 할 수 있습니다. 이 부분이 가장 중요합니다. 추신수는 미국에서 먼저 메이저리거로 성공했어요. 이대호는 한국과 일본에서 친구의 모습을 지켜보며 판단했을 것입니다. '나도 이 정도 노력과 실력이면 미국 가서 성공하겠다'라고요. 어릴 때부터 함께 했던 추신수는 이대호가 자신의 성공을 확신하는 가이드라인이었던 셈이죠.

이대호뿐 아니라 미국 무대를 노크하는 대부분의 한국 선수들이 박찬호, 추신수를 목표로 삼을 거예요. 이대호에게는 그 부분이 더 실체적이고 명확했을 것입니다. 이대호는 친구가 넘어간 그 경계선을 자신도 넘을 수 있다고 확신한 순간, 과감하게 메이저리그 도전장을 냈다고 봅니다.

무엇보다 이대호는 프로선수의 자존심을 놓고서, 절대 추신수에게 뒤지지 않는다고 생각할 거예요. 상대적으로 더 힘든 어린 시절을 이겨냈고, 프로에서는 거구의 편견을 극복하며 최고 반열에 올랐기 때문이죠. 미국 땅을 밟으며 한 발 앞서 있는 추신수를 따라잡을 좋은 기회라고 느꼈을 것입니다."

투수 출신이 타자로 성공할 수 있는 이유

이대호처럼 투수 출신이 타자로 성공할 수 있었던 이유는 무엇일까. 타자로 진화하는 것에 대한 두려움이 적고, 할 수 있다는 타고난 자신감이 아마 가장 큰 이유가 될 것이다. 그 외에 몇 가지 이유가 더 있다. 어릴 때 보면, 기본적으로 체격 조건이 좋고 운동신경이 뛰어난 선수가 투수를 한다. 투수로 성공할 정도면 타자로서도 성공할 만한 기본적인 하드웨어를 갖추고 있다는 평가다. 그리고 투수는 중심이동에 능숙하고 하체 밸런스가 좋다는 점도 타석에서 공을 멀리 쳐 보내는 데 유리하다.

롯데, 삼성, 태평양 사령탑을 역임한 박영길 감독은 "선수는 소프트웨어와 하드웨어를 갖추면 대성할 가능성이 많은데 투수 출신 선수들은 일단 체격 조건이 좋은 편이라는 점에서 하드웨어를 갖추고 있다고 볼 수 있다. 또한 피칭 메커니즘과 타격 메커니즘의 유사점이 장타의 비결이 될 수 있다. 특히 투수의 경우 어깨가 좋기 때문에 타격할 때 거리가 많이 나오고, 날아오는 볼에 대한 운동신경과 컨트롤 등이 영향을 미친다. 그래서 시속 140킬로미터 이상 구속이 나오는 투수라면 장타자로 성공할 수 있다. 멀리 강하게 던지는 건 힘으로만 하는 게 아니라 무게 중심의 이동과 하체 밸런스와 같은 메커니즘이 잘 갖춰져야 하기 때문이다"라고 설명했다. 던지고 치는 방식에서 유사점이 있다는 것이다.

만약이지만, 이대호나 추신수가 투수의 길을 계속 걸었다면 이들의 야구 역사는 달라졌을까.

추신수가 그에 대해 이야기를 한 적이 있다. 그는 "사실 그런 생각을 많이 해봤다. 투수를 했다면 타자로 도전하는 것보다는 빨리 메이저리그에 올라갔을 것 같다. 왼손 투수라는 장점이 있으니까 3년이면 메이저리그 마운드에 올라갔을 것 같다"라고 했다. 그러나 투수로서의 성공 여부는 장담하지 못했다. 추신수는 "지금 레벨의 선수는 못 됐을 것 같다. 나 같은 투수는 메이저리그에 넘친다"고 했다. 마운드에 올랐다면 방망이를 잡는 것보다 일찍 빅리거가 될 수는 있었겠지만, 투수로서는 평범할 수 있다는 판단이다. 투수가 아닌 타자 추신수는 6년 만에 메이저리거로 승격했고, 이후 차근차근 계단을 올라 주전으로 자리매김했다.

투수 이대호는 냉정하게 말해 추신수보다 평가가 박했다. 그는 지옥에서라도 데리고 온다는 좌완 강속구 투수가 아닌 우완이었다. 게다가 구속도 시속 140킬로미터대 중반에 머물렀으니 말이다.

Chapter 5

초심을 잃지 않는다
_이대호를 만든 두 여인

"가정이란 어떠한 형태의 것이든 인생의 커다란 목표이다."
_J.G.홀랜드

초심에 관한 유명한 이야기가 있다.

"어느 왕이 시골마을을 지나가다가 한 젊은 목동의 집에서 하룻밤을 묵게 되었다. 그런데 왕의 눈에 목동의 모습이 참으로 성실하게 보였다. 왕은 목동의 가치를 알아보고 나라의 관리로 등용했다. 그는 관리가 된 이후에도 정직하게 맡은 바 소임을 다했고 청빈한 생활을 유지했다. 왕은 목동으로 양떼를 잘 키우던 그가 관리로서도 덕행을 베풀며 신망이 높아지자 재상으로 임명했다. 신하로 가장 높은 자리에 오른 그는 늘 하듯이 사심 없이 일을 처리했다. 그러나 다른 신하들이 시기하기 시작했다. 일개 목동이 관리가 된 것도 모자라 재상까지 올랐고, 뇌물을 받지 않고 너무 깨끗하고 공정하게 일을 처리하니 자신들의 처지가 곤란해졌기 때문이다.

신하들은 재상이 된 목동을 쫓아내기 위해 모함거리를 찾기 시작했다. 그러던 중, 재상이 한 달에 한 번 자기가 살던 시골집에 다녀오는 것을 알게 됐다. 몰래 따라 가보니 광에 있는 항아리의 뚜껑을 열고 한참 동안 그 안을 들여다보는 것이었다. 신하들은 왕에게 달려가 재상이 깨끗한 척은 다 하면서 사실은 시골집 항아리에 금은보화를 몰래 채우고 있다고 고자질했다. 그를 누구보다 신임하던 왕은 머리끝까지 화가 났다. 왕은 신하들과 함께 시골집으로 가서 모두가 보는 앞에서 항아리 뚜껑을 열었다. 그러나 그 안에 들어있는 건, 황금이 아니라 재상이 젊은 목동 시절 입고 있던 낡은 옷과 지팡이뿐이었다."

이 이야기는 초심이 얼마나 중요한지를 일깨워준다.

젊은 목동은 재상이 되어도 초심을 잃지 않았지만, 많은 사람들은 어느 정도 경력과 연륜이 쌓이면 쉬운 길을 찾게 된다. 매너리즘에 빠지게 된다. 채근담에 보면 '어려울 때는 초심을 돌아보고, 성공하면 마지막을 살펴보라'는 글귀가 있다. 만약 높은 자리에 올라간 재상이 현실에 안주하고 타협했다면 이야기의 끝은 어떻게 되었을까. 초심을 잃으면 모든 것을 다 잃을 수 있다고 이 이야기는 전한다.

위에서 초심에 관한 이야기를 꺼낸 이유는, 지금의 이대호를 만든 두 여인을 소개하기 위해서다. 어릴 때 부모가 떠난 그를 거둬

키워주신 할머니 오분이 여사, 그리고 첫눈에 반한 인생의 반려자인 신혜정 씨. 이대호는 할머니에 대한 고마움과 아내에 대한 사랑을 품고 한국과 일본무대를 거쳐 메이저리그까지 진출했다. 두 사람은 이대호가 살아가는 가장 큰 힘이며 동시에 초심을 잃지 않게 일깨워주는 소중한 존재다.

성공을 향한 초심의 근원, 할머니

● ● ● 대한민국 4번 타자에서 오사카의 거인, 그리고 메이저리그에서도 거인의 위용을 자랑하는 이대호. 그의 어린 시절은 허들 경기처럼 많은 난관을 극복하는 과정의 연속이었다. 이대호는 부모 없이 할머니의 손에 자랐고 경제적으로 풍족하지 못했다. 그러나 흰색 야구공이 그에게 꿈을 심어주었다.

환경은 불우했다. 스스로는 그렇지 않다고 말할 수 있지만, 밖에서 보기에는 그랬다. 아버지는 세 살 때 돌아가시고 어머니는 곧 재혼하며 그의 곁을 떠났다. 이대호와 그의 형은 할머니 손에 맡겨졌다. 할머니는 시장에서 노점으로 생계를 꾸렸다.

힘들었다. 풍족하지 못한 환경은 아이의 꿈을 움츠러들게 한다. 부모의 역할은 아이가 좋아하는 것을 찾아주고 지원하는 데 있다.

먹고 살기에 급급한 환경은 꿈보다 현실을 직시하게 만든다. 작은 성취에 만족하며 현실에 안주하게 만든다. 일반적으로 그렇다. 그러나 이대호는 달랐다. 덩치에 어울리는 자신감을 품고 있었다. 여기에 할머니의 끝없는 사랑과 정성이 더해져 오늘의 그를 만들었다.

이대호에게는 할머니가 남겨주신 유품이 하나 있다. 할머니의 쌍가락지다. 아까워서 차마 손가락에 끼지 못하던 쌍가락지였다. 할머니는 노점에서 팔 반찬거리를 만들 때면 행여나 상할까봐 늘 주머니에 넣고 다녔다.

이대호에게 그 유품이 각별한 이유가 있다. 어린 시절 야구를 할 수 있게 해준 귀중한 재산이기 때문이다. 그는 초등학교 3학년 때 야구를 시작했는데 돈이 없어 야구용품을 마련할 수 없었다. 야구를 하려면 글러브, 방망이, 유니폼, 야구화, 장갑 등 여러 장비가 기본적으로 필요하다. 공 하나만 있으면 할 수 있는 축구나 농구와 다르다. 게다가 아이들의 글러브와 야구화는 얼마나 빨리 닳는지. 몸이 금세 성장하기에 유니폼도 바꿔야 한다. 야구부에 회비도 내야했다.

할머니는 손자가 야구를 하고 싶다고 하자, 망설이지 않고 자신의 쌍가락지를 동네 전당포에 맡겼다. 5만 원을 받을 수 있었다. 이대호는 그 돈으로 형과 함께 용품점에 가서 당장 필요한 야구 장비를 장만했다. 그런데 돈이 넉넉하지 않아 좋은 것으로 사지는 못했다. 열 살짜리 어린 아이는 그래도 야구를 할 수 있다는 생각에 마냥 즐거웠다. 쌍가락지를 전당포에 맡긴 할머니는 그런 손자의 모습을 보며 흐뭇한 미소를 지었다.

이대호의 할머니 오분이 여사는 부산 수영구에 있는 팔도시장에서 노점을 했다. 주로 반찬거리를 내다 팔았다. 김치를 만들고 콩잎과 깻잎에 된장을 발라 팔았다. 채소거리도 팔았다.

새벽 3시면 일어나 콩잎이나 깻잎에 된장을 발라 100장씩 묶었다. 손이 많이 가는 일이었다. 100장 한 묶음을 팔면 500원이 들어왔다. 할머니는 손자들이 학교 갈 시간이 되면, 집으로 돌아와 새벽에 반찬을 팔아서 만든 돈을 용돈으로 주었다. 없는 살림이지만 손자들이 기죽지 않게 한 푼이라도 더 주려고 했다. 그리고 다시 시장으로 돌아가 저녁까지 노점을 지켰다.

할머니는 그 시대를 살았던 대부분의 사람들처럼 하루하루 열심히 정직하게 살았다. 많은 돈을 모으지는 못했으나, 손자들이 무럭무럭 잘 자라는 모습에 만족했다.

그런데 막내 손자가 야구를 시작하자, 생각보다 돈이 많이 들어갔다. 그때마다 할머니의 쌍가락지는 전당포로 향했다. 이대호는 당시 상황을 이렇게 회상한다.

"할머니가 대략 스무 번 정도 전당포에 쌍가락지를 맡기고 찾기를 되풀이했다. 전당포에서 돈을 받아 야구용품을 사고 나면 할머니는 다시 돈을 벌어서 반지를 찾았다."

어린아이의 가슴에 생채기가 되어 남은 아픈 기억이다. 어쩌면 평생을 가져가야 하는 기억이다. 할머니에게 딱 하나 있는 귀중품 '쌍가락지'는 어린 대호가 야구와의 인연이 끊어지지 않게 하는 마지막 보루였다.

할머니가 새벽에 시장으로 리어카를 끌고 나가면 대호가 함께 했다. 야구 유니폼을 입은 덩치 큰 아이가 앞에서 끌고 할머니가 뒤에서 밀었다. 힘이 좋은 대호가 뒤에서 밀면 할머니가 넘어질 수 있어 앞에서 끌었다. 시장 상인들은 이대호가 나타나면 "아이고, 야구하는 손자가 왔구나"라며 반겼다.

그때 그 사람들은 알았을까. 그 아이가 나중에 한국과 일본야구를 평정하고 최고의 무대에서 별처럼 빛나는 빅리거가 될 것이란 걸. 새벽에 할머니를 도와 리어카를 끌었던 대호는 학교가 끝나면 다시 시장으로 갔다. 그리고 하루 종일 힘들었을 할머니를 대신해 리어카를 끌고 집으로 향했다.

마더 테레사는 "사랑은 가장 가까운 사람, 가족을 돌보는 것에서부터 시작한다"고 했다. 부모의 사랑을 대신한 할머니의 지극한 사랑은 이대호가 올바르게 성장해 가족을 중시하고, 밖으로는 선행을 베푸는 인성을 가지게 했다. 더불어 그 초심을 평생 잃지 않고 살아가게 하는 근원이 되었다.

후배 폭행 사건,
더욱 야구에 전념하게 되다

● ● ● 　수영초등학교에서 야구를 시작한 이대호는 중학교에 진학하며 집을 떠나게 된다. 조금 멀어도 숙식이 제공되고 장학금을 받을 수 있는 대동중학교를 선택했다. 당시 대동중학교는 부산역 너머 서구 서대신동에 위치해 있었다. 집에서 거리상 20킬로미터 정도 떨어져 있었다. 대호는 대동중학교 야구부 신종세 감독의 집에 머물렀다. 야구를 하는 데 들어가는 돈을 조금이라도 줄이기 위한 선택이었다.

　그런데 딱 세 달 만에 할머니가 계시는 집으로 돌아갔다. 신 감독은 어린 대호를 아꼈고 잘해주었다. 그러나 더부살이를 하면 아무래도 눈치를 볼 수밖에 없다. 또한 감독의 아들이 같은 야구부 선배였는데, 실력이 뛰어난 이대호를 시샘했다. 구박까지는 아니어도 어린 대호는 불편했다. 무엇보다 할머니가 보고 싶었다. 할머니의 따뜻한 품이 그리웠다.

　이대호는 다시 집으로 돌아왔지만, 통학길은 멀고 힘들었다. 그래도 학교까지 직행버스를 타면 40분이면 갈 수 있었는데, 어린 대호는 돌고 돌아 1시간 30분 만에 도착하는 일반버스만 골라 탔다. 시간이 걸리더라도 최대한 지출을 아꼈다. 콩잎에 된장을 바르는 할머니의 투박한 손이 생각났다. 대호는 할머니를 조금이나마 덜 힘들게 하고 싶었다.

할머니와 관련해서 중학생이 된 이대호가 야구에 더 전념하게 된 일화가 있다. 대동중학교 3학년이 된 그는 야구부 후배들을 집합시켰다. 청소 불량이 이유였다. 그런데 한 후배가 대들었다. 직선적인 이대호는 그 후배를 몇 대 쥐어박았다. 야구부 위계질서를 잡아야 했다. 단체 운동에서 질서가 흔들리면 경기에서도 나쁜 영향을 줄 거라고 생각했다.

이대호에게 맞은 그 후배는 "야구 못 하겠다"라며 뛰쳐나갔다. 다음날 그 후배의 부모가 할머니가 있는 집으로 찾아와 대호를 나무랐다. 흔히 예상할 수 있는 그런 말을 쏟아냈다. "부모 없는 자식 교육이 엉망이다. 왜 이 지경으로 키웠나", 그 후배의 부모는 "돈도 안 내면서 경기엔 왜 나가냐"라고 역정도 냈다. 팀의 에이스이자 4번 타자였던 이대호는 야구회비를 내지 않고 있었다.

할머니는 언성을 높이는 그들을 향해 고개를 숙였다. 작은 방이 그들의 목소리로 가득해졌고 할머니의 머리는 더욱 방바닥으로 향했다. 이대호는 가만히 있지 않았다. "그만 하세요!"라고 고개를 쳐들었다. 회비를 내지 않지만, 선발로 기용되는 것에 대해선 "누구와 대결하든지 간에 100번을 싸워도 내가 이긴다"라고 눈을 부릅떴다. 당당하게 실력으로 인정받고 있다는 소년의 오달진 자존심이었다.

그러나 근성 있는 이대호도 결국 그들 앞에서 "잘못했다"라고 고개를 숙였다. 이유는 딱 하나였다. 손자가 버릇없이 나쁘게 컸다고 할머니가 손가락질 받을까봐 그랬다.

그런 일들은 되레 이대호를 강하게 만들었다. 뒤처지면 안 된다고 뚜렷하게 자각했다. 다른 아이들보다 반드시 야구를 잘 해야 한다고 거듭 다짐하게 만들었다. 부모가 없는 그를 가엽게 여기는 학부모가 있는 반면, 시기하는 부모도 많았다. 회비뿐 아니라 간식비도 면제 받은 대호는 어린 마음에 눈치를 봐야 했다.

그래서 대호는 만약 실력으로 자신의 가치를 보여주지 못하면 유니폼을 벗어야 한다고 생각했다. 동료나 후배들보다 야구를 못한다면 야구부를 떠나겠다고 모질게 마음먹었다. 자신을 믿고 경기에 내보내는 감독에게 피해를 주고 싶지 않았고 노심초사 하시는 할머니에게도 부담을 주고 싶지 않았다. 자존심이 강한 이대호는 잘 하고 싶었고, 아니 잘 해야만 했다. 오직 실력으로 현실을 극복해야 했다.

힘든 상황이었지만, 맞을수록 단단해지는 강철처럼, 이대호의 남다른 승부욕은 어릴 때부터 그런 담금질 과정을 거치며 강해졌다. 아직 부모에게 의지해야 하는 나이에 대호는 그렇게 훌쩍 어른이 되었다.

할머니의 죽음, 방황하던 이대호를
다시 일으켜 세운 할머니의 유품

● ● ● 손자를 애지중지 아꼈던 오분이 여사는 이대호가 고등학교 2학년 때 운명하게 된다. 야구선수로 성공한 손자의 모습을 보지 못했다. 경남고 에이스로 활약하던 이대호는 목표를 상실하게 되었다. 할머니는 이대호가 온전하게 의지할 수 있는 유일한 대상이었다. 그가 프로야구 선수가 되고 싶었던 이유는 돈을 많이 벌어 할머니를 호강시켜드리고 싶은 일념이 다였다. 그러나 할머니가 세상을 떠나며 목표가 사라져버렸다. 이대호는 할머니의 죽음을 실감하지 못했다. 아니 인정하고 싶지 않았다.

할머니는 돌아가시기 전에 노환으로 병원에 입원을 했고, 이대호는 식사를 해결하기 위해 고모 집에 기거했다. 그러던 어느 날. 운동을 마치고 저녁 8시쯤 집으로 가니 고모가 "할머니가 돌아가셨다"라고 울먹이며 말했다. 이대호는 그 말을 듣고 망치로 머리를 얻어맞은 듯 멍해졌다. "고모 장난치지 마라"고 말하는 그의 얼굴이 자신도 모르게 일그러졌다. 사실이 아니길 바라는 마음이 그대로 드러났다. 이대호는 병원에 도착할 때까지 믿을 수 없었다. 병실에 할머니는 없었다. 이미 병실을 떠나 영안실로 옮겨져 있었다.

이대호는 염하는 할머니의 모습을 보고 그때서야 인정하기 싫은 현실과 마주하게 됐다. 수의로 갈아입은 할머니의 얼굴은 여느 때와 비슷했다. 그러나 불러도 대답이 없었다. 더 작고 왜소해 보이는 할머니는 손자의 부름에 응하지 못했고, 이제 막 꽃 피우게 될 손자의 영광을 함께 하지 못했다. 이대호는 밀려오는 슬픔에 어찌할지 몰랐다. 눈물이 나오지 않았다. 너무 큰 슬픔은 현실을 부정하게 만들었다. 차라리 목 놓아 우는 게 편할 텐데 고등학생 이대호의 담담한 모습은 옆에 있는 사람들을 더욱 슬프게 했다.

그날 이후 이대호는 학교 운동장에서 훈련에만 집중했다. 평소보다 더 많은 땀을 흘렸다. 집으로 갈 이유가 없었다. 할머니가 안 계신 집은 더 이상 이전의 따뜻했던 그 집이 아니었다. 할머니의 부재가 현실에서 느껴지면서 엄청난 슬픔이 되어 밀려왔다. 이대호는 거대한 해일 같은 슬픔을 온몸으로 맞으며 방황했다. 여전히 방망이와 공을 놓지 않았지만, 목표는 몰려오는 해일에 밀려 사라졌다. '나는 이제 누구를 위해 야구를 해야 하나'라는 생각이 머리를 채웠다. 그 무렵이 이대호가 야구를 하면서 찾아온 가장 큰 방황의 시기였다.

목표가 사라지자 꿈도 함께 사라졌다. 방황의 시간은 그 길이와 상관없이 깊고 아득했다. 아무리 자신감이 넘치는 사람이라도 의지할 곳이 없으면 무너진다.

그러나 이대호를 상심의 계곡으로 빠뜨린 것도, 다시 산 위로 일으켜 세운 것도 할머니였다. 유언과도 같은 쌍가락지가 있었다. 할머니가 가지고 있던 단 하나의 귀중품으로, 평소에 상처라도 날까봐 끼지 못한 쌍가락지였다. 할머니는 어린 손자가 야구를 하겠다고 했을 때 쌍가락지를 전당포에 맡기고 돈을 빌렸다. 만약 돈을 구하지 못하면 다시 찾지 못할 수도 있는 상황이었다. 그러나 할머니는 손자를 위해 망설이지 않고 아낌없이 맡겼다. 이제 할머니는 떠나고 그 쌍가락지만 남았다.

이대호는 주인을 잃어버린 쌍가락지를 보며 생각했다. '이대로 내 인생이 멈춘다면 나중에 할머니를 보고 면목이 없을 거 같다'라고. 그는 세상을 잃은 아픔 속에서 최고 선수가 되겠다고 이를 악물었다.

'꼭 성공해서 보여주자. 팔도시장의 할머니 친구들에게 보여드리자. 된장 할매의 손자가 잘 되는 모습을 보여주자. 할머니가 손자를 잘 키웠다는 말을 듣게 하자. 내가 지금까지 한 게 헛된 게 아니라는 걸 보여주자!'

그날 이후 이대호는 할머니가 하늘에서 보고 있다는 생각에 자신의 삶을 정면으로 마주하고 전력투구하게 된다.

1년 뒤 경남고를 졸업한 이대호는 2001년 부산 연고의 프로구단 롯데 자이언츠로부터 2차 1순위 지명을 받고 입단한다. 유망한 우완 투수로 롯데 유니폼을 입으며 계약금 2억 1,000만 원을 받았다. 처음으로 거금을 손에 쥐게 된 이대호는 돌아가신 할머니의 옷을 샀다. 평소에 할머니가 입고 싶어 하던 예쁜 색깔의 옷이었다. 그리고 그 옷들을 태워 하늘로 보냈다.

"이렇게 밖에 돈을 못 쓰다니……. 조금만 더 살아 계셨다면 편한 생활을 하게 해드렸을 텐데……." 성공을 향해 막 입장하는 자랑스러운 손자의 모습을 보여드리지 못해 아쉽고 슬펐다.

할머니는 먼 곳에서 잘 계실까. 이대호는 "지금도 할머니라는 말만 들어도 눈물이 난다. 꿈에서라도 보고 싶었는데, 한 번도 나타나지 않으셨다"라고 했다. 망인이 잘 지내고 있으면 현생에 나타나지 않는다고 한다. 그래도 이대호에게 보이지 않는 할머니는 어쩔 수 없는 그리움이다.

할머니를 기리는 연탄 봉사와 등번호 25번

● ● ● 야구선수로 크게 성공한 이대호는 겨울이면 늘 연탄 봉사에 나선다. 야구방망이와 글러브 대신 연탄을 든다. 지난 2006년부터 시작했고 10년 이상 선행을 이어나가고 있다. 이대호가 독거노인을 위해 연탄 배달을 하는 건 응원해주는 팬들에게 성적과 함께 선행으로 보답하기 위해서다. 그리고 또 하나의 중요한 이유가 있다. 고인이 된 할머니를 기리는 마음으로 야구를 시작하게

된 초심이 담겨 있다.

　오분이 여사는 성공한 손자의 모습을 생전에 보지 못했다. 그래서 이대호는 돌아가신 할머니를 추억하며 매년 자비로 연탄을 구입해 팬클럽 회원들과 함께 배달한다. 그는 "힘든 것보다 보람이 훨씬 크다. 연탄 배달을 하면 혼자 있는 어른들을 많이 뵙게 된다. 하늘에 계신 할머니 생각이 많이 난다"라고 했다.

　이대호는 가장 길이 가파른 동네를 선택해 연탄을 나른다. 손이 닿기 힘든 곳에 따뜻한 정을 전하고 있다. 이대호에게 연탄은 할머니 오분이 여사에 대한 기억이다. 그 기억이 지워지지 않는 한 빅보이의 연탄 봉사는 계속 될 것이다.

　유니폼의 등번호에도 할머니에 대한 그리움이 담겨 있다. 이대호는 KBO리그에서 2011년 시즌을 마치고 일본 프로구단 오릭스 버팔로스에 입단했다. 그의 유니폼에는 25번이 부착되어 있었다. 야구선수에게 등번호의 의미는 특별하다. 호랑이는 죽어 가죽을 남기고 야구선수는 등번호를 남긴다고 할 만큼. 그래서 뛰어난 업적을 남긴 선수는 영구결번이라는 행사를 통해 자신의 등번호를 영원히 남기는 명예를 얻는다. 이름이 아닌 숫자를 상징으로 자신을 남기는 것이다. 그런 연유로 대부분의 선수들은 자신에게 의미가 있는 숫자를 달고 뛴다.

　이대호는 일본에 진출하며 25번을 새긴 이유를 이렇게 설명했다. "돌아가신 할머니 존함이 '오 자, 분 자, 이 자'다. 숫자 2와 5

를 넣은 등번호를 꼭 달고 뛰고 싶어 25번으로 했다"라고. 이대호는 25번에 앞서 52번을 달고 싶었다. 일본 스포츠 전문지〈닛칸스포츠〉는 "시장 노점에서 장사하며 어렵게 손자를 뒷바라지했던 할머니 성함이 오분이였는데, 52번은 할머니 성함을 연상케 한다"라며 그 배경을 전했다.

그러나 오릭스의 외국인 선수 아롬 발디리스가 이미 52번을 쓰고 있었다. 롯데 자이언츠에서 달고 뛰었던 10번도 팀의 부주장 오비키 케이지가 양보할 뜻이 없다고 했다. 이대호는 대안으로 25번을 요구했지만 그 번호 역시 드래프트 3순위로 입단한 사토 다쓰야가 입단 당시 배정받았다. 그러나 구단이 중재에 나서며 이대호의 등번호가 25번으로 정해졌다.

그는 왜 할머니의 이름을 등번호에 새기고 싶었을까. 그 이유는 분명하다. 일본 정벌을 시작한 이대호의 등에 새겨진 25번은 이렇게 말하는 듯하다. "할머니 지켜봐주세요. 나는 지금 이렇게 잘 하고 있어요." 이대호는 한국을 떠나 일본으로 향하는 새로운 도전을 할머니와 함께 했다.

평생의 동반자가 된
여인과의 첫 만남

● ● ●   이대호에게 할머니 오분이 여사가 성공을 향한 '초심'을 잃지 않게 한 원천이라면, 아내 신혜정 씨와 딸 효린은 그 성공을 유지하고 더 키우게끔 스스로를 끝없이 채찍질하게 만드는 원동력이다.

산만한 덩치의 이대호가 사석에서 아내에게 전화하는 모습을 보면 그야말로 아이스크림처럼 녹는다. "자기야~"를 연발하며 온갖 애교를 부린다. 아내를 기쁘게 해주고 싶은 마음의 표현이다. 겉으로 무뚝뚝해 보이는 부산 사나이 이대호에게 "야구를 하는 이유를 딱 하나만 대라"고 하면, 그는 주저 없이 이렇게 말할 것이다. "나를 믿어주고 사랑해주는 아내와 아이를 위해 한다. 그 이상도 그 이하도 아니다"라고.

이대호는 부인 신혜정 씨를 보자마자 첫눈에 반한다. 몸에서 아우라가 보였다고 했다. 이대호의 눈에 그녀가 들어온 것이다. 두 사람의 운명적인 첫 만남은 롯데 선수단의 '故임수혁 돕기 일일호프'에서 이뤄졌다.

이대호는 롯데 자이언츠 시절 '선배 임수혁 돕기 행사'에 빠짐없이 참여했다. 그녀를 처음 본 곳이 프로 1년차 때 참여한 '임수혁 가족 돕기 행사'였다. 풋풋한 스무 살의 이대호는 테이블에 앉아 있는 그녀를 본 순간 첫눈에 반했다. 후광이 번쩍였고 그녀 외에는 아무것도 보이지 않았다.

이대호는 스포츠계 선배인 강호동이 진행하는 토크쇼에 출연해 당시 상황을 다음과 같이 설명했다.

"나는 신인이라 안쪽에서 설거지를 하고 있었다. 그런데 밖을 보니 천사 같은 여성이 앉아 있었다. 첫눈에 반했다. 할머니가 하늘에서 보내준 천사인 줄 알았다. 어떻게 사람이 그렇게 빛이 날 수 있는지 몰랐다. 괜히 말을 걸고 싶고 가서 만나보고 싶었다. 사람인지 확인해보고 싶었다."

이대호는 설거지를 멈추고 그쪽 테이블로 향했다. 첫눈에 마음을 빼앗아간 여성을 향해 후진은 없었다. 바로 직진이었다. 마침 그 테이블에는 동기인 이우민(개명 전 이승화)이 있었다. 그런데 이대호는 이우민을 향해 "여기는 왜 이렇게 서비스를 많이 주냐"며 퉁명스럽게 말했다. 그녀를 포함해 테이블에 앉아 있던 사람들은 흠칫했다.

이대호의 속내는 그게 아니었다. 그러나 입 밖으로 나온 말은 삐딱했다. 자신도 그녀에게 살갑게 서비스를 가져다주고 싶었다. 그런데 사나이 자존심이 그걸 허락하지 않았다. 첫사랑이자 평생 사랑이 될 그녀와의 첫 만남은 그렇게 어색하게 끝났다.

이대호는 결혼 전에 두세 명의 여성을 소개로 만나긴 했지만, 그동안 운동에 전념하느라 여성에게 어떻게 해야 하는지 몰랐다.

표현에 익숙하지 못했다. 그러나 아내가 된 신혜정 씨는 달랐다. 괜히 잘해주고 싶었다. 괜히 또 보고 싶었다. 이대호는 그때 '아, 이게 사랑이구나!'라고 직감했다.

일일호프 행사가 끝나고 나서 그는 그녀와 재회할 기회가 생겼다. 그리고 두 번째 만난 날 바로 "사귀자"고 말하며 돌직구를 던졌다. 그러나 그녀는 1초도 생각하지 않고 "싫다"고 말하며 그의 저돌적인 정면승부를 단칼에 물리쳤다. 사실 "싫다"라기보다는 무서웠다. 거구의 남자가 너무 적극적으로 다가오자 피하고 싶었던 것이다.

이대호는 많은 계약금을 받고 입단한 롯데 자이언츠의 유망주였다. 자신감이 넘쳤다. 신문에 이름이 오르내리는 유명인이라는 자부심도 있었다. 그래서 사귀자는 제의에 신 씨가 "OK" 할 줄 알았다. '여자 마음은 잘 몰라도 나 정도면 된다'고 자신했다. 그러나 결과는 실패였고 이대호는 망설이지 않고 "NO"라고 말한 그녀의 대답에 상처를 받았다. 자존심이 상한 이대호는 반 년 정도 그녀에게 연락을 취하지 않았다.

그러나 인연은 이어지기 마련이다. 친구를 통해 다시 그녀를 만나게 됐다. 한 번의 낭패를 경험한 이대호, 이번엔 직구가 아닌 변화구를 선택했다. 그녀에게 "친구로 지내자"고 했다. 자신에 대한 거부감을 누그러뜨리기 위해 정공법을 버렸다. 사랑 앞에는 장사가 없다.

두 사람은 그렇게 2~3개월 동안 친구로 연락하고 지내면서 점차 서로에게 편안한 관계가 됐다. 서로를 알아가는 과정 속에서 그녀는 거구의 야구선수가 보기와 달리 따듯한 심성과 아픈 어린 시절을 겪었다는 것을 알게 됐다. 그녀는 외롭게 자란 이대호를 떠올리며 밥은 먹었는지, 잠은 잘 잤는지 걱정하게 됐다. 그녀가 마음을 열면서 두 사람은 친구에서 연인으로 발전했다.

이대호가 신혜정 씨를 보고 첫눈에 반했다고 했지만, 사실 그녀가 이대호를 먼저 봤다.

이대호는 2001년 롯데에 입단해 투수에서 타자로 전향했다. 그런데 그해 시즌 말미에 팀의 중심타자인 외국인 선수 펠리스 호세가 그라운드에서 상대 투수 배영수에게 주먹을 휘두르며 잔여경기 출장정지 징계를 받는 일이 생겼다.

누군가의 이탈은 또 다른 누군가에겐 기회가 되는데, 당시 우용득 감독대행이 2군에서 뛰던 이대호를 1군으로 불러 4번 타자 자리에 세웠다. 이대호는 시즌 종료까지 남은 6경기에 출전하며 1군 타자로서의 첫 경험을 하게 된다. 그 모습을 신혜정 씨가 부산 사직구장에서 직접 본 것이다. 신 씨는 관중석에서 그를 보고 '신인 선수인가 보네. 저런 선수가 있었구나. 몸집이 크다'라고 기억했다. 하지만 그녀는 훗날 그 선수와 평생의 반려자이자 동지가 될지 알았을까.

결혼을 결심하게 된
무릎 수술과 오줌통 사건

● ● ●   2001년에 만남을 시작한 두 사람은 2009년 시즌이 끝난 후 결혼식을 올렸다. 8년이 넘는 연애시절을 거친 뒤에 결혼에 골인했다. 그 와중에 많은 일이 있었다. 그 중에서 이대호가 결혼을 결심하게 된 결정적 매개체가 있다. 2002년의 오줌통이다.

프로선수 생활을 시작한 이대호에게 가장 힘든 시기가 2002년이었다. 프로 2년차에 무릎 수술을 받았고 보장되지 않는 미래의 두려움으로 힘든 나날을 보내야 했다. 그러나 날이 밝기 직전이 가장 어두운 법이다. 사람은 가장 힘들 때 진정한 자기편을 확인할 수 있다. 이대호는 선수생명이 불확실한 어려움 속에서 신혜정 씨를 향한 자신의 진심을 알 수 있었다.

그해 서울에서 수술을 한 이대호에게는 그를 돌봐줄 사람이 없었다. 서울에는 가족과 친지가 없었다. 하나뿐인 형은 군대에 가 있었다. 이대호는 어쩔 수 없이 만난 지 1년이 채 안 된 여자친구 혜정 씨에게 수발을 부탁했다. 대학생인 그녀는 시험기간이었지만, 부산 김해공항에서 비행기를 타고 서울 김포공항으로 날아갔다. 그리고 택시를 타고 병원에 도착했다. 돌고 돌아 도착한 택시의 요금은 49,000원. 그녀는 '서울 택시는 부산보다 더 비싼가?'라고 생각했다. 바가지요금이었다. 그녀에게 처음 경험하는 서울은

낯설고 힘들었다. 그러나 이대호를 간병하기 위한 서울행을 머뭇거리지 않았다. 심지가 곧고 깊은 여성이었다.

당시 이대호는 왼쪽 무릎 반월판 연골 파열로 7시간의 긴 수술을 받았다. 수술실에서 나온 그는 두 말 없이 찾아온 그녀가 너무 반가웠다. 그런데 오랜 수술을 받아서 그런지 소변이 마려웠다. 그녀에게 오줌통을 달라고 했다. 첫 소변이었다. 얼마나 나올까 싶었는데, 오줌이 끊이지 않고 흘러나왔다. 그렇게 많이 마렵지도 않았는데 1리터짜리 대형 오줌통이 거의 다 찼다. 넘치기 직전까지 소변이 나왔다.

무릎 수술로 거동이 불편한 이대호는 넘칠 만큼 가득 찬 오줌통을 스스로 버릴 수 없었다. 어쩔 수 없이, 부끄러움으로 발갛게 상기된 얼굴로 뜨듯한 그 통을 그녀에게 건넸다. 창피했다. 그러나 혜정 씨는 아무런 내색도 하지 않고 말없이 오줌을 처리해주었다.

그때 이대호는 "이 여자와 결혼해도 되겠다"라고 결심했다. 그날 이후 그녀는 병원에서 이대호를 뒷바라지 하며 그가 안정감을 되찾는 데 큰 도움을 주었다. 이대호에게는 평생 갚아야 할 은혜가 생겼다.

그런데 이대호가 수술을 하게 된 이유가 한 편의 코미디 같다. 2002년 시즌이 한창인 6월에 롯데 자이언츠의 사령탑으로 마지막 4할 타자 백인천 감독이 부임했다. 스피드 야구를 추구하던 백 감독은 투수에서 타자로 전향한 이대호에게 살을 빼라고 했다. 다이어트를 지시한 것이다. 이대호를 향해 "선수도 아니다"라는 혹평도 쏟아냈다. 백 감독은 이대호의 장점인 파워를 극대화하기보다는 통일된 규격에 선수의 개성을 맞추려 했다. 지도자로서 선수의 몸에 맞지 않는 기준을 제시한 것이다.

그런데 다이어트 방법도 무식했다. 사직구장 스탠드를 오리걸음으로 오르내리는 감량 훈련을 시켰다. 한 여름에 방한복을 입고 그라운드에서 달리며 뻘뻘 땀을 흘리는 것도 모자라 계단을 오르내렸다. 훈련을 도와주는 코치가 나가떨어질 정도로 강도가 셌다.

땀을 너무 빼다 보니 근력과 힘이 함께 빠져나갔다. 고된 훈련 뒤에 시합에 나가서는 집중이 되지 않았다. 악순환의 연속이었고 그러다가 결국 무릎에 무리가 왔다. 무리한 체중 감량의 결과는 해피엔딩이 아닌 무릎의 연골 파열로 돌아왔다. 그때 함께 다친 허리도 선수시절 내내 이대호의 발목을 잡았다. 부임 중에 이대호를 다른 팀으로 트레이드 하려고도 했던 백인천 감독은 이듬해 2013년 8월 성적부진으로 중도 퇴진했다.

이대호는 무릎 수술과 재활을 하며 신혜정 씨와 깊은 사랑을 키울 수 있었지만, 선수로서는 고난의 시기를 보내야 했다. 이대호가 수술대에 오르게 한 직접적인 원인을 제공한 백인천 감독은 훗날 〈일간스포츠〉와의 인터뷰에서 "이대호는 아마 나를 미워할지도 모르겠다"고 했다. 인터뷰 내용을 정리하면 다음과 같다.

"이대호에 대한 훈련 지시가 적합하지 않았다는 평가는 비전문가의 의견일 뿐이다. 이대호의 성공은 그때 시련을 극복했기 때문에 가능한 것이라고 확신한다. 훈련으로 무릎 부상이 올 수 있다고 하는데 요즘 선수들은 너무 무르다. 조금 아프면 병원에 가서 수술을 받는다. 나는 일본에서 뛸 때 근육이 파열됐는데 참고 견디며 출전했다. 그러다 보니 회복됐고 더 강해졌다. 2002년의 이대호는 나의 야구와 맞지 않았을 뿐이다."

_ 백인천 감독 인터뷰 중

수술을 한 이대호는 한동안 실의에 빠져 살았다. '부상 때문에 야구를 그만둬야 하나' 고민이 꼬리에 꼬리를 물고 똬리를 틀었다. 부상에 대한 압박감과 미래에 대한 불안으로 그는 하루에 소주 20~30병을 마셨다. 긍정적인 사고를 가진 이대호였지만, 20대 초반의 경험이 부족한 청춘에게 불확실한 장래에 대한 고민은 끝을 알 수 없는 우물처럼 깊고 검었다.

이대호가 폭음을 한 이유는, 그렇게 하지 않으면 자신에 대한 화를 누를 수가 없었기 때문이다. 술기운에 잠을 청해야 했다. 옆에서 지켜보는 혜정 씨의 가슴도 미어졌다. 그녀는 술을 먹지 못하지만, 이대호가 조금이라도 술을 덜 먹게 하려고 한 잔씩 몰래 버리기도 하고 마시기도 했다.

낙담한 이대호는 수술을 하고 나서 6개월 동안 허송세월을 보냈다. 낮에는 기거하던 원룸에서 피자와 통닭을 시켜먹고 밤에는 술을 먹었다. 그 사이 몸무게가 30킬로그램 이상 늘었다. 살을 빼려고 격하게 운동을 했는데 수술하고 나서 몸무게가 더 늘었다.

정신을 차리고 이대호가 제대로 된 몸을 다시 만들기까지 1년 가까운 시간이 소비됐다. 이대호는 자신을 그렇게 만든 백 감독이 원망스럽지 않았을까. 수 년 뒤 국내 최정상급 타자가 된 그는 "당시에는 한없이 원망스러웠다. 하지만 지금은 아무렇지 않다"라고 말했다.

결혼과 자녀의 탄생, 이대호에게 최고의 보약

● ● ● 이대호에게 결혼은 특별한 의미를 지닌다. 어릴 때 할머니의 지극한 사랑을 받았지만 부모의 손길을 느끼지 못했다. 그래서 그의 가장 큰 인생 목표는 좋은 남편, 좋은 아빠가 되는 것이었다. 어린 시절 불우한 상황에서도 늘 자신감이 넘치고 승리에 대한 욕심이 강했던 근본적인 이유는 자신의 능력을 키워 좋은 가정을 꾸리고 싶은 소망이 끝단에 있었다.

이대호는 KBO리그의 정점에 오른 시점에서 결혼을 했는데, 그 이후에도 상승곡선을 멈추지 않으며 꼭짓점의 높이를 조금씩 더 높였다. 가족을 부양해야 한다는 책임감이 생겼고 이대호는 그 부담을 기꺼이 받아들이며 자신의 에너지원으로 삼았다. 또한 결혼을 하고 더욱 규칙적인 생활을 하게 되면서 컨디션 조절에 도움이 됐다.

혜정 씨는 남편의 건강을 최우선으로 챙겼다. 하루 일과를 늦게 시작하는 남편을 위해 아침은 고기, 야채, 전복 등 영양가 높은 식단으로 차렸다. 그리고 야구장에서 밤늦게 귀가하면 간단한 과일 정도의 요기로 체중관리에 신경을 썼다. 외부에서 파는 음식은 멀리하고 모두 손수 장만했다. 그녀는 결혼 후에 남편을 타격 부문 7관왕과 프로야구 최우수선수(MVP)에 올려놓으며 '신(新) 내조의 여왕'으로 떠올랐다.

많은 선수들이 결혼으로 심리적 안정감을 가지며 성공가도를 달린다. 미혼의 선수는 야구가 끝나고 나서 늦은 술자리에 참석하거나 아침을 거르기 십상이다. 슬럼프가 길어지면 될 대로 되라는 식으로 긴장의 끈을 놓기도 한다. 그러나 혼자가 아닌 가족이 생기면 달라진다. 책임감이 생긴다. 결혼은 야구선수의 마음을 기본적으로 바꿔놓는다. 당연하다.

그리고 프로선수는 야구장에서 극도의 스트레스를 받는다. 막중한 압박감에 시달린다. 그 상황을 누가 이해하고 들어줄 수 있을까. 가족밖에 없다. 밖에서는 말할 수 없는 것도 아내가 들어주고 위로해준다.

또한 야구선수의 아내는 남편에게 알리지 않고 몰래 야구장을 찾는 경우가 많다. 경기에 집중하는 데 방해가 될까봐 자신이 온 것을 알리지 않는다. 그렇다고 남편이 그것을 모르지 않는다. 관중석 어딘가에서 자신을 보고 있을 아내를 생각하며 최선을 다한다. 그라운드에서 집중력은 당연히 높아지고 가족을 위해 온힘을 다해 몸을 던지게 된다.

야구는 가만히 있다가 순간적으로 움직이는 스포츠다. 찰나의 집중력이 그 어느 종목보다 중요하다. 집중력의 차이가 기록의 차이로 나타난다. 그래서 결혼은 프로야구 선수에게 최고의 보약이다. 이대호는 시상식에서 트로피를 손에 쥐고 "이 영광을 아내에게 바친다"라고 했다. 무대 위에서 화려한 스포트라이트를 받는 이대호의 모습을 보며 혜정 씨는 "내 남편이지만 정말 존경스럽고 자랑스럽다"라고 화답했다.

미국이나 일본의 해외리그에서 뛰는 선수들은 겨울이 되면 시즌을 마치고 국내로 돌아온다. 이때 가족과 함께 입국하며 카메라 조명을 받게 된다. 이대호가 일본무대로 옮긴 2012년에 태어난 딸 효린이는 누가 봐도 알 수 있었다. 아빠가 누구인지. 그만큼 붕어빵이었다.

모나지 않은 동그란 얼굴과 오밀조밀한 이목구비가 복사판이었다. 이대호를 성공으로 이끈 두 여성이 할머니와 아내였다면, 이제 그 성공을 계속 유지하게 만드는 가장 강력한 세 번째 존재가 모습을 드러낸 것이다.

이대호는 "딸이 아내를 닮아야 하는데 나하고 똑같다. 딸이 크면서 엄마를 닮길 바란다"라고 했지만, 눈에 넣어도 아프지 않은 자식이 자신을 빼닮아 더 사랑스럽다. 엄마를 닮아가길 바라는 것은 그만큼 아내를 사랑하는 마음이 깊기 때문이다.

이대호는 자신의 모자와 글러브에 태극기와 함께 'DH ♡ HJ'를 아로새겼다. 자신과 아내 혜정 씨의 이니셜이다. 효린이가 태어나면서 'H♡H'로 바뀌었다. 아내와 딸의 이니셜이다.

아이가 생기면서 이대호의 마음도 달라졌다. 야구장에서의 자세에 변화가 생겼다. 더 진지해졌다. 그는 조선의 4번 타자이며 한 가정의 든든한 아빠가 됐다. 이대호가 일본 프로구단 오릭스와 소프트뱅크에서 뛸 때 아내는 늘 응원을 왔다. 누가 봐도 이대호의 딸이라고 알 수 있는 효린이와 함께 왔다. 이대호는 홈경기를 하면 가족과 함께 시간을 보내기 위해 노력했다. 원정을 떠나면 가족이 자신만 기다리는 것을 알기에 홈경기를 할 때는 가족과의 시간이 최우선이었다.

이대호가 일본 진출 첫 해 딸을 얻었다면 미국 메이저리그 진출 첫 해에는 아들이 태어났다. 이대호는 2016년 3월 22일 시애틀 매리너스 구단으로부터 출산 휴가를 받았다. 스프링캠프가 있는 애리조나주 피오리아를 떠나 아내가 있는 워싱턴주 시애틀에 가서 아이의 탄생을 지켜보았다.

당시 스프링캠프 막판이라 25인 로스터 진입을 놓고 치열한 경쟁이 펼쳐지고 있었지만, 이대호에게는 새로운 가족의 탄생이 무엇보다 중요했다. 시애틀 구단도 출산 휴가를 당연하게 받아들였다. 이대호는 아내의 무탈함과 아들의 얼굴을 확인하고서야 다시 캠프로 돌아와 안타 행진을 재개했다. 그리고 메이저리그 25인 로스터에 들어가며 빅리거로서의 첫 행보를 자축했다.

일어나지 못한 故임수혁

결과적으로 이대호 커플을 이어준 故임수혁은, 롯데 자이언츠의 포수로 2000년 4월 18일 잠실 LG 트윈스와의 경기에서 2루타를 치고 출루한 뒤 갑자기 쓰러졌다. 심장 부정맥으로 혼절한 것이었다. 그런데 그라운드에서 응급조치가 제대로 이뤄지지 않았다. 팀 동료들이 그의 허리띠를 풀고 야구화, 양말을 벗겼지만, 심장 박동을 되살리는 응급조치를 하지 못했다. 임수혁에게 정작 필요한 것은 심장 마사지였다. 수십 분이 지나 임수혁은 인근 서울아산병원으로 이송되었고 간신히 맥박과 호흡을 살려낼 수 있었다. 그러나 10년 이상 의식을 잃은 채 병상에 누워 있게 된다. 결국 뇌사상태로 투병 10년 만에 등번호 20번을 남긴 채 향년 42세의 생을 마쳤다.

사람 목숨이라는 너무 큰 희생을 치렀지만, 그로 인해 응급조치의 중요성이 부각됐다. 심장마비의 골든타임은 5분 이내다. 초기 대응 실패는 아까운 생명을 떠나보내게 한다. 각 구단은 제2의 임수혁이 나오지 않게 하기 위해 야구장에 응급구호단과 자동제세동기, 휴대용 산소통 등의 응급체계를 갖췄다. 구급차도 상시 대기하게 됐다. 여전히 완벽하지는 않지만, 임수혁의 사망을 계기로 그라운드의 응급프로그램이 진일보했다.

프로축구에서는 2011년 제주 유나이티드의 신영록이 경기 도중 쓰러졌는데, 팀 트레이너의 빠른 심폐소생술을 통해 의식을 되찾은 사례가 있다. K리그 구장에는 의료진 3명이 의무 대기하고 심장마비에 대비한 기기가 배치되고 있다.

임수혁이 쓰러지자 야구뿐 아니라 많은 스포츠인이 그의 쾌유를 바라며 치료비를 내놓고 성금 모으기에 동참했다. 그러나 아무리 고통스런 일이라도 시간이 지나면 잊히게 마련이다. 각박분한 세상 속에서 흘러가는 시간은 먼지가 되어 아픔을 덮어버린다. 그렇게 서서히 세간의 관심 속에서 지워지는 가운데 병상에 누워 있는 임수혁을 다시 불러낸 일들이 나타났다.

사고 이듬해 현대 유니콘스 소속의 염경엽(현 넥센 히어로즈 감독)이 은퇴를 앞두고 자신에게 필요 없게 된 야구용품 경매로 모은 수익금 500만 원을 고려대 1년 후배인 임수혁의 치료비로 전달했다. 염경엽 감독의 선행이 잉걸이 되어 임수혁을 향한 도움이 손길이 이어졌다. 롯데 자이언츠는 그가 쓰러진 4월 18일을 '임수혁의 날'로 정했다. 그날 경기 수익금 전액을 임수혁의 치료비로 전달했고, 같은 부산을 연고지로 하는 부산 아이파크 축구단도 치료비를 보탰다.

롯데 자이언츠 상조회는 매년 임수혁을 잊지 않으며 그의 가족 돕기 행사를 열고 있다. 선수들이 직접 음식을 서빙하고 사인볼, 유니폼 등을 현장에서 판매한다. 수익금 전액은 소년소녀 가장과 임수혁 가족을 위한 기금으로 사용되고 있다.

Chapter 6

긍정적 사고가 나를 더 강하게 만든다

"인생의 가장 큰 장애물은 내 안에 있는 두려움이다."
_ 닉 부이치치

　닉 부이치치가 강연을 위해 한 고등학교 강당에 마련된 무대에 섰다. 학생들은 팔다리가 없는 그의 모습을 실제로 보자 놀라움을 감추지 못했다. 그러나 닉은 천연덕스런 표정으로 "나는 팔다리가 없지만, 그나마 이렇게 닭다리처럼 생긴 왼발이 있다"라며 그 발로 바닥에 놓인 전자드럼을 연주하기 시작했다. 입으로는 비트박스까지 하며 리듬을 탔다. 그 모습에 학생들의 얼굴에서 경계심이 조금씩 사라졌다.
　닉은 음악으로 학생들의 긴장을 풀어준 뒤에 "사람은 길을 가다가 넘어질 수 있는데, 그러면 어떻게 하나요?"라고 질문했다. 그리고 스스로 넘어졌다. 닉은 바닥에 엎드린 채 "넘어지면 다시 일어나면 되죠. 그런데 나는 그게 안 돼요"라고 말했다. 학생들은 팔다리가 없고 몸뚱이만 있는 닉이 혼자 힘으로 일어나지 못할 것이라고 생각했다.

　학생들로부터 동정의 눈초리를 받고 있던 닉은 "포기하면 일어날 수 없다"라며 "불가능해 보이지만, 나는 백 번이라도 일어나기 위해 시도할 것입니다. 포기하면 일어날 수 없게 됩니다. 어떻게 끝내는지가 중요해요. 다시 일어날 수 있다는 용기가 필요합니다"라고 목소리를 높였다. 그리고 바닥 한켠에 놓인 책에 머리의 정수리 부분을 대더니, 조금씩 밀어서 몸을 세웠다. 닉이 마침내 일어서자 박수가 터져나왔고 많은 학생이 눈물을 흘렸다.

　사지 없는 인생을 살아온 닉이 학생들에게 전하고 싶었던 것은, 인생을 살다보면 다시 일어날 힘이 없다고 느끼는 상황을 직면하게 되지만, 그때 절대 포기하지 말라는 메시지였다.

　닉은 해표지증이라는 희귀병으로 태어날 때부터 팔다리가 없었다. 어린 시절 괴물이나 외계인으로 놀림받았고 자살을 시도했다. 할 수 있는 게 아무것도 없다고 생각했고 자포자기했다. 결혼은 언감생심이라고 생각했다. 아내 될 사람의 손도 못 잡아주는데 남편 구실을 어떻게 하겠냐고 단정지었다.

　그러나 닉은 현재 세계를 돌아다니며 긍정의 에너지를 전달하는 희망전도사가 됐다. 못 할 거라 생각했던 결혼을 했고 아이도 생겼다. 아내의 손을 잡아줄 수는 없지만 마음을 잡아주었다.

　사지가 없는 닉은 사람들에게 실패하고 좌절해도 절대 포기하지 말 것을 강조한다. 자신은 물살을 헤치는 팔이 없고, 달릴 수 있는 다리가 없지만 행복하다고 미소 짓는다.

그는 아주 작은 왼쪽 발만 가지고 태어나 희망 대신 절망을 먼저 배웠지만, 포기하지 않고 장애를 극복했다. 장애학교가 아닌 일반학교에 진학했으며 끊임없이 어려운 일에 도전했다. 대학에서는 회계와 재무를 전공했다.

아직도 가끔 신에게 팔다리를 달라고 기도하지만, 주지 않는다고 실망도 하지 않는다는 닉 부이치치는, 긍정적 사고로 실패를 두려워하지 않았다. 그리고 스스로 기적을 만들어가고 있다.

'까칠해도 괜찮아, 초긍정 츤데레' 이대호의 자신감

●●● 겉으로 드러나는 이대호는 까칠하다. 팬들에게는 몰라도, 그의 근황을 전하는 취재진에게는 조금 툴툴거리는 편이다. 뭘 물어보면 "기자가 그것도 몰라요?"라고 핀잔을 주기도 한다.

이런 일도 있었다. '이대호의 몸무게가 130킬로그램이 넘는다'라고 모 기자가 기사에 썼다. 다음날 잔뜩 열이 받은 이대호는 그 기자를 찾아 "내 몸무게를 재봤어요? 지금 라커룸에 들어가서 재보자!"며 언성을 높였다. 안 그래도 몸무게 때문에 스트레스를 받는 상황이었는데, 정확하지 않은 몸무게가 기사를 통해 공개되자

발끈한 것이었다.

그러나 한 발 안으로 들어가면, 그는 영락없는 '츤데레'이다. 츤데레는 '겉은 퉁명스럽지만 속은 따뜻하다'는 신조어다.

인터넷 매체 〈OSEN〉 야구부에 손찬익 기자가 있다. 이대호와 가까운 기자다. 그가 이대호를 취재하러 몇 년 전에 일본에 갔을 때 이야기다.

그를 향한 이대호의 첫 마디가 "왜 왔어요?"였다. 취재하러 왔다고 하니까 "배가 더 나왔네!"라고 놀린다. 그리고 한 마디 더한다. "머리카락도 더 빠졌고~." 왠지 반기지 않는 분위기다. 일본이 그리 멀지는 않지만, 그래도 비싼 돈 들여 비행기 타고 왔는데 취재하러 간 기자 입장에서는 좀 무안하다. 이대호에 대한 츤데레 발언은 취소해야 하나?

그러나 손 기자가 이대호의 말을 경상도 통역기를 돌려 해석해준다. "왜 왔냐고 하는 건 '보고 싶었다'이고, 배가 더 나왔다고 놀리는 건 '잘 지내고 있네'이다. 그리고 머리카락이 빠졌다고 흉보는 건, '오랜만이네'라는 표현이다"라고. 진짜 그렇다면 두 사람이 친하다는 걸 인정한다. 가까운 사이끼리는 척 하면 딱 하고 통하는 게 있다고 하니.

〈스포츠동아〉 스포츠부에는 김도헌 기자가 있다. 그는 이대호가 프로무대에 갓 들어왔을 때부터 함께 한 막역지간이다. 빅보이 이대호가 롯데 자이언츠 시절 7관왕을 차지했을 때의 이야기다.

김 기자가 "7관왕도 했는데 어떤 기사를 쓰면 좋을까?"라며 주인공의 의사를 물어봤다. 이대호는 "행님, 집에 말해둘 테니 좀 이따가 와이프한테 전화 한 번 해보이소"라고 했다.

프로야구 선수가 자신의 가족까지 허물없이 소개하는 경우는 드물다. 김도헌 기자는 이대호의 아내 신혜정 씨의 지극한 내조를 단독으로 기사화하며, 다른 기자들의 시샘을 받아야 했다. 평소에 한결같이 무뚝뚝한 이대호지만, 한번 친해진 사람들에게는 마음을 열었다. 속내를 툭툭 털어놓기도 하고 속 깊은 이야기도 했다.

일본 기자들이 이대호에 대해 가장 놀라움을 표시하는 게 있다. 10년 넘게 겨울이면 연탄 배달 봉사활동을 지속적으로 하고 있는 것이다. 기간도 기간이지만, 이대호가 연탄 봉사하는 곳을 찾아가 보면 '정말 이 일에 애정이 많구나'하는 속내를 읽을 수 있다.

부산에는 고지대가 많은데, 이대호는 그 중에서도 가장 가파른 동네에서 할아버지 할머니를 위해 연탄을 나른다. 이대호와 함께 봉사를 자원한 지원자들은 산을 수차례 등반하는 경험을 하게 된다. 힘들게 연탄 수천 장을 다 배달하고 나면, 이대호가 인솔해 남자들은 함께 목욕탕으로 향한다. 그렇게 다 같이 씻고 나서 삼겹살에 소주 한 잔을 하며 봉사활동을 마무리한다.

일본 기자들은 말한다. "돈 많고 인기 있고 대우받는 이대호가 뭐가 아쉽다고 매년 연탄 봉사를 하는지 모르겠다"고.

이대호가 연탄 봉사를 막 시작한 2000년대 중후반, 국내의 많은 사람들도 그를 향해 "한두 번 저러다 말겠지"라고 했다. '노블레스 오블리주'를 실천하며 선행을 베푸는 건 좋지만, 얼마나 할까 싶었던 거다. 그러나 이대호는 매년 겨울이면 연례행사처럼 지게를 지고 있다. '츤데레' 이대호의 사는 방식이 그렇다.

롯데 자이언트의 에이스 투수로 활약하고 NC 다이노스에서 은퇴한 손민한은 이대호를 처음 봤을 때 깜짝 놀랐다. "저렇게 뚱뚱한 친구가 어떻게 야구를 할 수 있지?" 100킬로그램을 가볍게 넘기는 몸매, 타석에서 방망이를 휘두르면 뱃살도 함께 출렁거렸다.

그러나 이대호는 선배의 당혹감에 전혀 아랑곳하지 않고 한국과 일본야구를 모두 평정했다. 은퇴 후, 손민한은 NC 구단과 함께 유소년야구 코칭 프로그램을 진행하며 아이들에게 이대호의 성공 비결을 알려주었다.

"얘들아~, 이대호 선수 알지? 이대호 선수가 지금 메이저리그에서 활약하는 스타플레이어지만, 난 이대호 선수를 처음 봤을 때 깜짝 놀랐어. '저렇게 뚱뚱한 친구가 어떻게 야구를 할 수 있을까' 싶었던 거지. 이대호 선수가 그런 체격에도 메이저리그에서 활약하고 있는 건 그 선수만이 갖고 있는 엄청난 자신감 때문이야. 경기 중 중요한 상황에서 타석에 서면 불안하지? '내가 삼진 먹으면 감독님한테 혼나겠지?', '마운드에 올라갔다가 안타 맞으면 어떡하지?', '수비하다가 실수하는 일 없어야 하는데……'하면서 걱정을 많이 하게 된다고. 그러나 이대호 선수는 그렇지 않았어. 자신이 못 할 때 더 자신감을 내세웠어. 자신의 실수로 팀이 패하면 대부분의 선수들은 고개도 들지 못하고 선수들 눈치 보면서 미안해하는 게 일반적인 모습이야. 이대호 선수는 그런 상황에서도 큰소리 뻥뻥 쳤어. "내가 내일 홈런 쳐서 우리 팀 이기게 할게", "다음 타석에선 안타 칠게", "오늘은 수비하다가 실수했지만 내일부턴 절대 실수 안 할게"라며 자신감을 나타냈었다고. 솔직히 난 이대호 선수가 일본이나 미국에서 야구한다고 했을 때 '잘 할 수 있을까?' 하고 생각했었어. 그런데 이대호는 이대호이더라고. 특유의 자신감을 갖고 잘 헤쳐 나가잖아. 멋지지 않아?"

_ 〔이영미 人터뷰〕'손민한과 놀자'로 만난 '330'의 인연들 중

절대 기죽지 않아!
다이죠부와 오케이

● ● ● 살다 보면, 당장 내일 어떤 일이 생길지 모른다. 늘 비슷한 하루를 보내는 사람이라도 내일 갑자기 예상 밖의 일을 겪을 수 있다. 그래서 오늘 우리는, 내일을 걱정한다. 비관과 낙관이 오락가락 한다. 그러나 우리는 미래를 확정할 수 없기에 기대에 찬 오늘을 살아갈 수 있다. 아직 일어나지도 않은 일을 가지고 미리

걱정할 필요가 없다.

이대호가 그렇다. 목표를 정하면 반드시 이뤄내는 투지를 가졌지만, 내일 일을 오늘 걱정하지 않았다. 그의 메이저리그 도전사가 그것을 보여준다.

긍정으로 똘똘 뭉친 이대호는 어디에 있든 절대 기죽지 않는 남자였다. 일본에서는 '다이죠부(괜찮다)'라는 한마디로 한 달을 버틸 수 있었다. 미국도 마찬가지다. 짧은 영어지만, 더그아웃에서 그의 목소리는 언제나 파이팅이 넘쳤다.

시애틀 매리너스 구단을 취재 간 모 기자는 "이대호는 계속 그곳에 있었던 선수 같았다. 신인 선수가 아니라 골목대장 같았다"라고 분위기를 전했다.

볼티모어 오리올스의 김현수는 2016년 5월 18일 시애틀 매리너스와의 홈경기에서 만난 이대호 선배를 떠올렸다. 김현수가 한창 부진의 늪에서 허우적거리고 있던 때였다.

"대호 형이 정말 대박이었다. 그때 난 주전으로 뛰지 못하고 9회말 애덤 존스의 대타로 타석에 들어섰다. 시애틀은 이미 0:10으로 앞선 상태였다. 대호 형도 그날은 벤치에서만 머물렀는데 내가 타석에 들어서니까 이렇게 소리를 지르는 게 아닌가. '야, 우리 10 대 0이다. 직구 던져줘. 그냥 하나 주라고.' 물론 한국어로 말했기 때문에 아무도 알아듣지 못했지만, 자신이 뛰지도 못하는 경기에서 후배 기 살려주려고 상대팀이 아닌 소속팀 투수에게 '하나 주라'고 소리를 지르는데 어찌나 마음이 울렁거리던지……. 나중엔 '현수야, 그냥 쎄리뿌리라'하며 또 소리를 질렀다. 땅볼성 타구를 때려 아웃될 뻔했지만 2루수의 실책으로 1루 베이스를 밟는 순간 어찌나 웃음이 나던지. 아니 마음속으로 흐르는 눈물을 참느라 혼났다 그때."
_〔이영미 MLB 현장〕 김현수의 고백, "그땐 지푸라기라도 잡고 싶은 심정이었다" 중

당시 이대호 본인도 34세 루키로, 극한 생존경쟁의 최일선에서 분투 중이었지만, 후배 김현수를 위해 큰 목소리로 응원했다. 그는 더그아웃에서 그 누구의 눈치도 보지 않았다. 어디에 있든지, 절대 기죽지 않는 그의 우렁찬 한국말 응원은 갈팡질팡하던 김현수의 마음을 다잡아주었다.

제리 로이스터 감독의 한마디, 이대호를 깨우다

● ● ● 이대호가 리그를 가리지 않고 매사에 보여주는 거만할 정도의 자신만만함은 타고난 기질이 한몫 하겠지만, 확실하게 정립해준 이가 있다. 2008년 롯데 자이언츠 사령탑으로 온 제리 로

이스터 감독이다. 롯데는 2000년대 중반까지 암흑기를 보냈고 로이스터 감독이 지휘봉을 잡으면서 가을잔치에 진출하는 전국구 인기구단이 되었다. 팀의 중심타자였던 이대호는 롯데의 부흥기를 로이스터 감독과 함께 했다. 이대호는 그때를 "야구장에서 가장 행복했던 때"라고 돌아볼 정도다.

로이스터 감독은 국내 정상급 타자로 성장한 이대호가 더 큰 그림을 그릴 수 있게 용기와 희망을 주었다. 김무관 타격코치가 이대호의 기술 완성을 지원했다면 로이스터 감독은 그의 멘탈 완성을 도왔다.

로이스터 감독은 선수들에게 "실패를 두려워하지 마라"고 당부하며 '노 피어(No Fear)' 정신을 강조했다. 아예 더그아웃 칠판에 그 문구를 적어두었다. 그렇게 '두려움 없는 야구'로 구도 부산에 신바람을 몰고 온 로이스터 감독이 이대호를 각성시킨 말이 있다. 타격 7관왕 이대호가 경기를 마치고 야간 훈련을 하러 나갔다. 방망이가 잘 맞지 않아 특타를 하려고 했다. 그 모습을 본 로이스터 감독이 타격 훈련을 만류했다.

그러면서 "한국에서 가장 잘 치는 타자가 너인데, 굳이 뭐 하러 연습을 하냐. 그렇게 훈련하면 3~4일 뒤에 무리가 온다. 지금은 컨디션이 안 좋은 것뿐이다. 시간이 지나 컨디션이 올라오면 잘 치게 될 것이다. 과도한 훈련이 아닌 타석에 서 있는 그 순간에 집중해라"고 말했다.

이대호는 "타석에 서 있는 순간에 집중하라"는 로이스터 감독의 말을 듣는 순간, 머리카락이 쭈뼛하고 서는 느낌을 받았다.

많은 선수들은 슬럼프를 이겨내기 위해 더욱 훈련에 빠져드는 경향이 있다. 타자의 경우, 수백, 수천 번의 특타로 그 슬럼프에서 벗어나곤 한다. 그러나 그것은 어쩌면 자기 위안에 가깝다. 책상에 오래 앉아 있다고 공부 잘 하고 시험 잘 보지 않는다. 몸을 혹사하는 훈련은 그저 정신적인 불안감을 씻어내는 하나의 방식이다. 슬럼프에 대한 정확한 진단 없이 하는 훈련은 노동에 가깝다.

경기에 자주 출전하지 않는 백업선수에게는 엑스트라 훈련이 필요하다. 하지만 주전급 선수, 특히 이대호처럼 최상위 수준에 다다른 선수에게 과한 훈련은 역효과를 불러올 수 있다.

이대호는 "시간이 지나 컨디션이 올라오면 잘 치게 된다"는 로이스터 감독의 조언을 듣고 나서 그동안 가지고 있던 생각의 틀을 바꿨다. 연습보다 실전에서의 한 타석, 그리고 공 하나에 더욱 집중하게 됐다. 메이저리거가 된 이대호는 "그때의 변화가 지금의 나를 만들었다"고 했다.

선택과 집중.

명장은 싸움에서 많이 이기는 장수가 아니다. 패하는 상황에서 피해를 최소화하는 장수가 명장이다. 질 때 잘 져야 다음 싸움에서 승리할 수 있다. 타자는 10번의 기회에서 3번 이상만 성공하면 훌륭한 타자라고 칭송받는다. 이대호는 체력 소모를 최소화하며 정작 필요한 상황에서 고도의 집중력을 발휘했고, 남들보다 뛰어난 성적을 일궈냈다.

이치로의 의무감과 자기 관리

프로야구에서 자리 관리가 철저한 대표적인 선수를 꼽으라면 이치로 스즈키를 떠올리게 된다.

그는 1992년 일본 프로구단 오릭스 블루웨이브에서 시작해 2001년 시애틀 매리너스로 이적하며 메이저리그 생활을 시작했다. 백종인 기자는 자신의 칼럼 '야구는 구라다'를 통해 수차례 이치로의 루틴에 대해 기술했는데, 그 꾸준함이 마치 고장 나지 않는 시계처럼 일정하다. 바뀌지 않는 이치로의 행동양식을 통해 변질되지 않는 그의 초심을 여전히 읽을 수 있다. 요약하면 다음과 같다.

플레이볼은 아직 4시간이나 남았다. 그런데 벌써 시작이다. 일단 라커 앞에 자리 잡는다. 할 일이 무척 많아 보인다. 발 마사지 기계를 꺼내더니 양 발을 넣고 스위치를 켠다. 그게 끝나면 이번엔 바닥에 눕는다. 진동 폼 롤러(vibrating foam roller)로 허벅지 뒤쪽에서 엉덩이까지 한참을 풀어준다. 그렇게 30분 가까이 정성을 들인다. 그 다음은 스파이크를 꺼낸다. 쇠 브러시로 징이 박힌 부분까지 구석구석 말끔하게 청소한다. 이어서 유니폼을 꺼내서 무릎 위에 놓고 소형 가위로 도드라진 실밥 하나하나를 모두 제거한다.

이치로는 "깨끗하게 직접 손질한 글러브로 훈련한 것은 몸에 남는다. 그런 기억은 계속 몸에 새겨진다. 하지만 더러운 글러브로 플레이하고 있으면 그런 운동은 기억에 남지 않는다. 그런 의미가 크다"라고 의미를 설명했다.

정리가 끝나면 흐트러진 라커 앞을 깨끗이 청소한다. 그리고 그라운드에 나가서 팀 전체가 하는 준비운동에 참가한다. 다들 끝내고 흩어져도 혼자 남아 20분 정도를 계속한다. 목과 등, 허리, 발목, 무릎 등을 꼼꼼하게 스트레칭한다.

그걸 마치면 비로소 케이스에서 배트 하나를 꺼내 실내 타격 연습장으로 향한다. 이치로는 배트에 몸 컨디션을 맞춘다. 그의 배트는 미즈노에서도 최고의 장인(匠人)으로 불리는 구보타 이소카즈가 전담 제작한다. 33.5인치, 무게는 31~31.75온스(약 880~900그램)짜리다.

대개의 선수들이 컨디션에 따라 수시로 배트의 무게나 길이를 바꾼다. 하지만 그는 반대다. 항상 똑같은 것을 쓰면서 자신의 몸 상태를 배트에 맞춘다. 제작자도 "평생 그렇게 일정한 것을 쓰는 사람은 없었다"고 감탄한다.

그의 아침식사 메뉴는 늘 똑같다. 처음 7년간은 카레만 먹었다. 요즘은 페퍼로니 피자로 바꿨다. 한 가지만 고집하는 건, 이것저것 먹다가 혹시라도 탈이 나면 경기를 망칠까봐서다. 허리에 부담이 갈지 모르는 푹신한 소파도 멀리한다. 라커룸에서는 딱딱한 철제 의자를 사용한다. 스파이크를 신으면 계단도 피한다. 장애인용 슬로프를 이용한다. 발목이 걱정돼서다.

너무나 지독하고 병적일 만큼 집착한다. 그런 몸 관리에 대해서 곁에서 누군가 한마디 했다. 그러자 그의 대답이 이랬다. "내가 지금 얼마를 받고 있나 생각한다. 그 연봉에 대한 책임감, 그리고 팬들에게 최선의 모습을 보여줘야 한다는 의무감에서 벗어날 수 없다"라고.

이치로는 철저한 '직업 야구선수'이다. 162경기에 모두 나간 경우가 4시즌이나 되고 연평균 157.4게임을 치러냈다. 21세기 들어 이렇게 많이 출근한 선수는 없다. '멀쩡한 몸'을 유지하기 위한 그의 일상생활은 강박증이라고 여겨질 만큼 철저하다. 40대 중반이 되었지만, 몸무게의 변화는 고작 1파운드(454그램)가 늘어났을 뿐이다.

매일 똑같은 시간에 일어나고, 똑같은 시간에 잠들고, 똑같은 시간에 밥 먹고, 똑같은 시간에 훈련한다. 야구장에 도착하는 시간은 정확하게 오후 2시. 심지어 출근길 코스는 물론 차선까지도 매일 일정하게 운전한다.

이치로는 메이저리그 명예의 전당 가입이 확정적인 선수로 평가받는다. 그는 2004년에 메이저리그 한 시즌 최다 기록인 262안타를 기록했다. 그리고 2001년부터 2010년까지 10년 연속으로 3할 타율에 200안타를 기록했고, 2016년에는 대망의 3,000안타를 달성했다. 일본 프로야구에서 9년간 뛰고 미국으로 건너와 세운 기록이라 더욱 놀랍다.

이치로는 2001년 메이저리그에 입성하며 "첫 해가 마지막 해가 될지도 모른다는 생각이 든다. 최선을 다해야겠다는 생각만 단단히 하고 있다"라고 출사표를 던졌다. 이치로는 그때 다짐한 초심에서 지금껏 단 한 발자국도 멀어지지 않았다. "51세까지 현역생활을 하고 싶다"라고 말하는 이치로의 등번호는 그래서 51번이다.

Chapter 7

큰 무대에서
큰 교훈을 얻는다

"목표는 커야 한다. 작은 목표는 작은 성취감만 느끼게 할 뿐이다.
목표가 커야 성취감도 크고 자신의 능력을 극대화 할 수 있다."
_지그 지글러

　스키점프가 뭐지 잘 모르지만, 스키 좀 탔다는 이유로 대한민국 최초의 스키점프 국가대표팀이 만들어진다. 제대로 된 지도자와 선수, 장비가 없는 처지에서 올림픽 출전 과정은 상상 이상으로 험난했다. 연습장이 없어 점프대 공사장을 전전하고 보호장구가 없어 오토바이 헬멧을 사용했다. 2009년 제작된 영화〈국가대표〉는 그 과정을 비애가 아닌 웃음을 조미료로 사용한다.

　영화〈국가대표〉는 어려운 여건 속에서도 불가능한 것에 도전하는 영화다. 주인공들은 산꼭대기에 깃발을 꽂지 못했어도 산에 오른 것만으로 관객의 박수를 받았다. 불가능을 가능으로 바꾸지 못했지만, 의미 없는 게 아니다. 불가능을 가능으로 바꾸는 건 불가능하다. 세상에 기적은 정말 기적처럼 일어난다. 그렇다고 그냥 손만 놓고 있어야 할까? 흙수저 시대라고 해서 결말이 정해져 있지는 않다. 중요한 건, 후회하지 않게 힘껏 달리는 것이다. 같은 곳에서 출발해도 도착지는 달라질 수 있다. 그래서 러브홀릭스는 '세상이 거칠게 막아서도, 빛나는 사람아 난 너를 사랑해, 널 세상이 볼 수 있게 날아오르라~'고 노래했다.

영화 〈국가대표〉는 2016년에 시즌 2로 만들어졌다. 7년 만의 연작이다. 여자 아이스하키 대표팀이 일본 아오모리 동계 아시안게임 출전을 위해 뭉치는 내용이다. 이번에도 주인공들은 비주류 종목 선수들의 설움이 늘 그렇듯, 경쟁 상대와 싸우고 열악한 환경과도 싸워나간다.

스키점프나 아이스하키 대표팀에 비해, 야구 국가대표팀은 상황이 조금 다르다. 사람들로부터 받는 대우와 관심의 정도가 그야말로 천지차이다. 경기 내용과 훈련, 그리고 선수들의 일거수일투족이 미디어에 의해 세세하게 보도된다.

관심 받는 만큼 야구 대표팀은 여러 국제대회에서 좋은 성적을 거뒀다. 2008년 베이징 올림픽 금메달과 여러 아시안게임 메달을 비롯해 WBC에서 준우승을 차지하는 등 굵직한 대회에서 두각을 나타냈다. 도하 참사라고 불리는 2006년 카타르 도하 아시안게임을 제외하면 줄곧 좋은 기록을 냈다. 도하 때도 금메달 획득에 실패한 것이지 동메달을 목에 걸었다. 대표팀이 해외에서 선전하자 국내 프로야구의 인기는 더 치솟았다. 매년 700만 명 이상이 야구장을 찾는 국민스포츠가 됐다.

국가대표팀은
곧 배움의 장(場)

● ● ●　대부분의 프로야구 사령탑은 국제대회를 앞두고 소속팀 선수들의 태극호 승선을 적극적으로 장려한다. KBO사무국과 국가대표 감독에게 은근히 뽑아줄 것을 부탁하기도 한다. 삼성 라이온즈의 레전드 출신 류중일 감독은 "나는 대학 1학년 시절부터 성인 국가대표로 나갔는데, 큰 대회에 나가면 돈 주고 살 수 없는 성장을 할 수 있다. 혼자서는 아무리 연습해도 안 되는 게 있는데, 대표팀에 있으면 많은 것을 배울 수 있다"라고 경험담을 밝혔다.

넥센 히어로즈의 염경엽 감독은 "팀의 미래를 보거나 개개인의 미래를 볼 때 대표팀 경험은 큰 도움이 된다. 한 단계 더 업그레이드 될 수 있는 기회다. 최고의 기량을 가진 선수들과 함께 하다 보면 자신도 모르게 성장한다. 또한 그들과 어깨를 견주며 자기 자신도 리그의 톱이라고 느낄 수 있다"라고 태극마크의 효과를 설명했다. 국가대표가 되면 실력 향상과 자부심이라는 두 마리 토끼를 모두 잡을 수 있다는 것이다.

그래서 류중일 감독과 염경엽 감독 등 현직 사령탑은 소속팀 선수들의 대표팀 차출에 반색하며 "눈으로 보이는 실력 향상과 함께 최고의 선수들이 모인 자리에서 새롭고 넓은 시야를 가질 수 있다. 큰 무대 경험은 당연히 따라온다. 선수가 태극마크의 자부심에 걸맞은 무게감을 느끼면 그 책임을 다하기 위해 최선을 다하게 된다"라고 했다. 대표팀을 경험한 선수들은 KBO리그에 돌아와 한 뼘 더 자란 기량을 보여준다.

이대호에게도 국가대표팀은 '배움의 장(場)'이었다. 이제는 국가대표팀의 단골손님이자 맏형으로 후배들을 이끌고 있지만, 초창기에는 그도 선배들을 보고 배웠다. 성장을 위한 양분이었다. 성인대표팀 첫 출전은 타격 트리플 크라운(타율, 안타, 홈런)을 차지한 2006년에 열린 도하 아시안게임으로, 기라성 같은 선배들과 함께 했다. 이후 매번 태극마크를 단 이대호는 "대표팀에 가면 늘 배우는 게 있다"라고 말한다.

대표팀에서 그는 선배들에게 스스럼없이 다가갔다. 궁금한 게 있으면 바로바로 질문을 던졌다. 선배들의 훈련 모습과 그들이 경기를 풀어가는 방법을 세심하게 관찰했다. 염경엽 감독은 대표팀에 있으면 선수가 자신도 모르게 배우는 게 있다고 했는데, 이대호는 선배들의 노하우뿐 아니라 야구를 대하는 자세까지 품었다. 그리고 좋은 것은 자신의 야구 창고에 차곡차곡 쌓았다.

시간이 흘러 이대호도 고참이 됐다. 그런데 2015년에 열린 '프리미어12'에 참가한 대표팀 10년차 이대호는 후배들에 대한 아쉬움을 표시했다. 그는 "후배들이 궁금한 게 있으면 물어보긴 하는데, 이전에 나 같은 후배는 없다"라고 말했다. 그동안 창고에 모아둔 특급 노하우가 잔뜩 쌓여 있는데, 내어주지 못한 아쉬움이다.

같은 프로선수이며 대표팀 선수이기 때문에, 원하지 않고 다가오지 않는 후배들에게 꺼내줄 수는 없다.

이대호가 후배들에게 그리 편안한 선배는 아니다. 후배들은 그를 조금 어려워한다. 더그아웃에서는 가장 열심히 응원하는 선배이지만, 그라운드에서는 쓴소리를 마다하지 않는 엄격한 선배라 그렇다. 그러나 늘 곳간을 열어두고 다가오는 후배를 기다리는 선배이기도 하다.

베이징 올림픽 금메달, 멘토 이승엽과 함께

● ● ● 2008년 베이징 올림픽에 출전한 야구 대표팀이 선수촌에 입촌을 할 때였다. 2인 1실로 배정이 되는데, 이승엽이 이대호에게 같이 방을 쓰자고 했다.

"대호야, 너 말고 방을 같이 쓸 사람이 없다. 나랑 같이 쓰자."

"예? 형, 나도 이제 나이도 있는데, 후배랑 쓸게요."

이대호는 선배 이승엽의 동거 제안을 완곡하게 거절했다. 20대 후반으로 접어드는 나이에 후배가 아닌 왕고참과 같은 방을? 그 어떤 선수가 부릴 수 있는 후배와 룸메이트를 하지 불편한 선배와 한 방을 쓰겠나. 그러나 이대호는 멘토와도 같은 선배의 뜻을 어기지 못하고 함께 방을 쓰게 됐다. 그리고 24시간 함께 붙어 있게 됐다. 선수촌에서 한 몸 같이 지내며 두 선수는 찰떡처럼 친해졌다. 이대호는 이승엽과의 동거를 통해 많은 것을 보고 체득했다.

"어릴 때 승엽이 형을 닮기 위해 진짜 열심히 노력했었다. 선수촌에서 같이 살아보니 승엽이 형이 진짜 일찍 일어나더라. 덕분에 나도 따라서 일어나게 됐는데, 그게 컨디션 조절에 참 좋았다. 그래서 타격감이 살아나지 않았나 싶다. 야구도 야구지만, 생활하는 걸 보면서 많이 배웠다. 철저하게 몸 관리하는 모습을 보며 프로선수가 어떻게 자기 관리를 하는지 깨달았다."

_ 이대호 인터뷰 중

이대호와 이승엽은 베이징 올림픽 9전 전승 금메달 획득에 혁혁한 공을 세웠다. 이대호는 예선 4차전 일본전에서 0:2로 끌려가던 7회에 동점 투런 홈런을 쏘아 올렸고 9회엔 희생번트를 성공하며 역전극의 물꼬를 열었다. 준결승에서 다시 만난 일본전에서는 세 타석 연속 볼넷으로 출루하며 동점의 발판을 마련했다.

부진에 시달리던 이승엽도 2:2로 맞선 8회 일본 최고 마무리 이와세 히토키를 상대로 우월 2점 결승 홈런을 터뜨리며 대표팀을 결승으로 이끌었다.

사실 이승엽은 2008년 베이징 올림픽 직전까지 야구 인생 최악의 곤경에 처해 있었다. 요미우리 자이언츠에서 최고 연봉을 받는 외국인 타자였으나, 엄지손가락 부상 후유증으로 타격 밸런스를 찾지 못하며 부진에서 빠져 있었다. 시즌 초반 홈런 없이 1할대 타율을 기록했고 결국 4월 중순 2군으로 떨어지며 아시아 홈런왕의 자존심에 큰 상처를 입었다. 그럼에도 이승엽은 국가의 부름에 기꺼이 달려왔고, 일본전에서 쏘아 올린 결정적 홈런으로 자신이 왜 국민타자인지 증명했다.

이승엽은 1999년 아시아 야구선수권 대회를 시작으로 2000년 시드니 올림픽, 2002년 부산 아시안게임, 2004년 아테네 올림픽 예선, 2006년 제1회 WBC, 2008년 베이징 올림픽, 2013년 제3회 WBC 등의 국제대회에 출전했고, 결정적 순간마다 결승타와 홈런을 작렬하며 대표팀의 정신적 지주 역할을 했다. 많은 국제대회에서 메달을 대표팀에 안기며 합법적 병역 브로커라고 불릴 정도였다.

새로운 영웅이 탄생하다

● ● ● 국가대표팀에서 리더 역할을 오랫동안 맡았던 이승엽의 계보를 이어가는 선수가 '빅보이' 이대호다. 리더로 인정받는 선수는 더그아웃에선 자신을 조금 덜 생각하고 팀을 조금 더 생각

하는 자세를 가지고 있다. 그리고 그라운드에서는 위기 상황을 타개하는 능력을 보유하고 있어야 한다.

여러 국제대회에서 이승엽이 결정적 순간에 홈런을 터뜨렸다면, 이대호는 꼭 필요한 상황에 한 방을 때려내며 국가대표 4번 타자가 누구인지를 보여주었다. 이대호의 해결사 능력은 '프리미어 12'에서도 잘 드러났다.

2015년 11월 19일. 일본 도쿄돔에서 한국과 일본의 맞대결이 열렸다. 야구랭킹 상위 12개국이 참가한 국가대항전 프리미어12의 결승전 티켓이 달려 있는 중요한 경기였다. 한국 대표팀은 8회까지 일본에 0:3으로 끌려가며 고전했다. 대표팀은 9회 공격에서 가까스로 2점을 만회하며 2:3으로 추격했다. 그리고 만들어진 1점 차 만루 상황. 이날 방망이 대신 중계방송 마이크를 잡은 이승엽은 "이제 새로운 영웅이 나타날 때가 된 것 같다"라고 기대감을 밝혔다. 늘 자신에게 붙여졌던 '영웅'의 칭호를 후배에게 물려줄 때가 되었다는 걸 직감적으로 느꼈던 걸까.

타석에는 이대호가 서 있었다. 대표팀의 운명을 짊어진 그의 어깨 위에 막중한 부담감이 짓눌렀다. 이대호는 천천히 심호흡을 하며 주변의 소음과 관중의 응원까지 지워냈다. 백지 위에서 투수와의 1:1 승부에만 집중했다.

이대호는 일본의 바뀐 투수 마츠이 히로토시가 던진 포크볼의 궤적에 배트를 그대로 맞췄다. 왕관의 무게를 이겨낸 이대호의 호

쾌한 스윙은 타구를 외야로 보내며 역전 2타점 적시타로 연결됐다. 누상의 이용규와 정근우가 홈을 밟으며 전광판에 4:3이 찍혔다. 역전을 확인한 이대호는 1루를 밟으며 주먹을 불끈 쥐면서 포효했다. 새로운 국민타자의 등장이었다.

이날 경기에 앞서 이대호는 두 번은 당하지 않겠다고 각오를 다지고 타석에 섰다. 대표팀은 삿포로 돔에서 열린 예선 1차전 첫 경기에서 일본에 졌는데, 이대호는 그 패배 뒤에 "남자가 두 번 당하면 창피하지 않느냐"라며 일본전 설욕을 노리고 있었다. 그러면서 후배들을 추스려 팀을 한데 모았다. 그리고 가장 중요한 순간, 본인이 앞장서서 숙적 일본에 카운트 펀치를 날렸다. 이승엽이 목소리 높여 말한 새로운 영웅은 이대호였다. 일본과의 준결승에서 승리하며 기세가 등등한 대표팀은 결승전에서 만난 미국을 누르고 대회 첫 챔피언에 등극했다. 국가대표 이대호는 프리미어 12 우승을 결정짓고 나서 메이저리그 진출을 공식 선언했다.

이대호, 국민타자 이승엽의 도전 정신을 이어받다

이대호 이전에 국민타자 이승엽이 있었다. 그는 2003년 당시 아시아 신기록인 56홈런을 쏘아 올렸고 그해 홈런 1위에 오르며 3년 연속 홈런왕의 자리를 지켰다. 2002년에는 한국시리즈에서 9회 극적인 동점 쓰리런 홈런으로 소속팀 삼성의 창단 첫 우승에 앞장서기도 했다. 이승엽은 더 이상 이룰 것이 없을 만큼 한국 프로야구의 정점에 서 있었다.

삼성은 FA자격을 취득한 이승엽에게 4년 100억 원을 제시했다. 그러나 그는 돈보다 도전을 선택했다. 메이저리그를 진출을 시도했고 우여곡절 끝에 2004년 일본 프로야구 지바 롯데와 계약금 1억 엔, 연봉 2억 엔으로 2년 계약했다. 일본으로 건너간 이승엽은 새로운 환경에 적응하지 못하며 5월에는 2군 강등의 수모까지 겪었다.

이듬해도 쉽지 않은 상황이었다. 특히 당시 바비 발렌타인 감독의 플래툰 시스템이 더 강화됐다. 왼손 타자 이승엽이 좌투수에 약하다는 선입견 때문에 반쪽 선수로 출전해야 했다. 그러나 절치부심(切齒腐心)한 이승엽은 플래툰 시스템을 이겨내고 중심타자로 자리를 잡았다. 이어 2006년 일본 최고 명문 구단 요미우리 자이언츠로 이적하며 4년 30억 엔에 계약했다. 메이저리거 부럽지 않은 초특급 대우였다.

평소에 이대호는 자신을 이승엽과 비교하는 것에 대해 수차례 손사래를 쳤다. 그는 "승엽이 형과 나를 비교해줘서 영광이다. 내가 승엽이 형 수준에 오르려면 아직 멀었다"라며 겸손함을 보였다.

그러나 선배 이승엽의 도전 정신은 그대로 이어받았다. 선배가 가지 못한 더 거칠고 넓은 바다로 향했다. 이승엽은 2004년 지바 롯데에 입단할 때, 주전과 4번 타자를 약속 받았다. 반면 이대호는 2016년 시애틀 매리너스의 스프링캠프에 초청선수 신분으로 건너갔다. 1년 마이너 계약으로 주전은커녕 백업 자리도 약속받지 못했다. 선배 이승엽이 거쳤던 플래툰 시스템 이상을 극복해야 희망이 보였다.

이대호는 메이저리그 진출을 선언하며 "가장 밑에까지 내려왔다. 다시 시작하고 경쟁해야 한다"라고 다부진 각오를 밝혔다. 그리고 선배 이승엽의 도전 정신을 뛰어넘었다. 벽이 높을수록 그 너머에는 더 큰 영광이 있다는 것을 증명했다.

Chapter 8

결정적인 순간을
놓치지 않는다

"삶의 모든 순간이 결정적 순간이었다."
_앙리 까르띠에 브레송

아사다 마오는 두 개의 개인전용 아이스링크를 가지고 있고 그곳에서 자신의 스케줄에 맞춰 훈련한다. 김연아에게 개인 아이스링크는 없다. 국내에 피겨전용 빙상장도 없다.

  김연아는 주로 훈련하던 태릉선수촌 빙상장이 공사에 들어가자, 잠실 롯데월드에서 놀러온 사람들의 카메라 플래시와 놀이동산의 음악, 소음 속에서 훈련하기도 했다. 아사다 마오가 개인 아이스링크에서 아무런 방해 없이 훈련에 집중했다면, 김연아는 롯데월드 한켠에서 다른 동료들과 함께 훈련했다. 코치는 김연아가 음악에 맞춰 안무할 수 있게 그 옆에서 스피커가 달린 CD플레이어를 들고 다녔다. 김연아가 고려대에 입학한 이유 중에 하나는 안암동 캠퍼스 내에 아이스링크가 있어 언제든 훈련이 가능했기 때문이다.

김연아와 아사다 마오의 환경은 차이가 컸다. 지원만 놓고 따지면 아사다 마오가 챔피언급이었다.

그러나 결정적 순간, 승자는 김연아였다. 2010년 밴쿠버 동계올림픽에서 피겨 여제 김연아는 트리플 콤비네이션 점프를 정확하게 소화했고, 아사다 마오는 점프에서 정해진 회전수를 채우지 못했다. 가장 중요한 무대에서 김연아는 완벽했고 아사다 마오는 실수했다. 김연아는 올림픽 시상대 맨 윗자리에서 기쁨의 눈물을 흘리며 태극기를 바라보았고, 아사다 마오는 그 아래 단상에서 아쉬움의 눈물을 지었다. 김연아는 국민적 관심 속에 본인이 보유한 세계기록을 갱신하며 대한민국 피겨스케이트 사상 첫 금메달리스트가 됐다.

기회를 기다리는 선수가 있고, 그렇지 않은 선수가 있다. 팀이 지고 있는 9회 만루 상황. 어떤 선수는 그 타석에 자신이 들어가고 싶어 하고, 또 다른 선수는 자신의 타순까지 순서가 돌아오지 않기를 바란다. 언제든지 한 방 날릴 자신이 있다고 생각하는 선수는 그동안 흘린 땀을 믿는다. 그는 타석에 서기를 갈망한다. 그러나 9회말 만루와 같은 결정적 순간에는, 상대 투수의 기에 눌리거나 두려움에 쌓인 선수는 몸이 경직된다. 타석에 서기 전에 마음이 지고 들어가면 그 승부는 보나마나다. 자신을 이기지 못하면 상대 또한 이길 수 없다.

팀의 4번 타자 이대호,
해결사로 성장하다

● ● ● 프로 5년차가 된 20대 중반의 이대호는 2005년 4월 28일 수원구장에서 열린 현대 유니콘스와의 경기에서 상대 선발 미키 캘러웨이의 공 하나를 놓치지 않고 뚫어져라 살폈다. 2:2로 팽팽하게 맞선 5회. 더그아웃의 이대호는 자신까지 기회가 오길 바랐다. 속으로 '와라~, 와라~'를 되뇌었다. 앞선 타자들이 연속으로 출루하며 타순이 연결됐다.

이대호는 웨이팅 서클에서 잔뜩 기합을 불어넣었다. 그리고 방망이를 어깨에 맨 채 천천히 타석에 섰다. 시즌에 앞서 스프링캠프에서 혹사에 가까울 만큼 맹렬하게 훈련했던 모습을 머릿속으로 떠올렸다. 어느 투수의 공이라도 칠 수 있다는 배짱이 생길 만큼 방망이를 돌리고 또 돌렸다. 김연아가 동계올림픽 출전을 앞두고 "결과에 연연해하지 않을 것이다. 내가 할 수 있는 모든 것을 다 했다"라고 말한 내용과 끝단이 연결된다.

양상문 감독은 매섭게 달궈진 이대호에게 전적으로 믿음을 보냈다. 이대호에게 양 감독은 특별한 사령탑이다. 그는 양 감독이 부임한 2004년부터 100경기 이상 출전하며 주전선수가 될 수 있는 토양을 마련할 수 있었다.

양 감독은 아예 처음부터 그를 4번 타자로 못 박으며 타석에 내보냈다. 2005년 시즌을 준비하는 스프링캠프에서도 양 감독은 그를 향해 "대호야, 너는 최고의 타자가 될 수 있다"라고 거듭 말했다. 자신감을 불어넣어주는 사령탑이자 든든한 지원자였다. 믿음의 깊이만큼 선수는 성장한다. 양 감독의 기대와 칭찬은 이대호에게 최고의 거름이 됐다.

양 감독은 경남고 시절의 이대호를 선명하게 기억하고 있었다. 그때 이미 정확하게 그의 잠재력을 파악했다. 투수를 겸하고 있었으나 덩치에 비해 유연하고 정확도가 높은 타자라고 머리에 새겨두었다. 힘으로 치는 스타일이 아니었기에 프로에서도 충분히 통할 것이라고 판단했다. 그래서 양 감독은 투수로 입단한 이대호가 어깨 부상으로 선수 생활의 기로에 섰을 때 타자 전향을 적극적으로 권했다.

다시 2:2로 맞선 5회 타석, 이대호는 심호흡을 하며 온몸의 기를 모았다. 190센티미터에 달하는 큰 키의 캘러웨이가 10인치(25.4센티미터) 높이의 마운드에서 압도하듯 타자를 노려보고 있었다. 웬만한 타자라면 기가 눌릴 만했다. 그러나 자신감으로 똘똘 뭉친 이대호에게 상대는 중요하지 않았다. 그동안 갈고 닦은 기량을 한 순간에 쏟아낼 수 있는지 없는지가 문제일 뿐.

어떤 구질도 공략할 수 있다는 이대호의 자신감은 빠르게 날아오던 캘러웨이의 공을 홈플레이트 앞에서 잠시 멈추게 했다. 그리고 어깨에서 회초리처럼 돌아 나오던 방망이는 기다렸다는 듯 그 공을 부수듯 때렸다.

타구는 훨훨 날아 수원구장의 가장 먼 중앙 펜스를 훌쩍 넘어갔다. 비거리 130미터의 대형 홈런이었다. 롯데 자이언츠는 이대호의 홈런에 힘입어 7:2로 기분 좋은 승리를 가져갔다.

이대호는 그날 경기에 앞서 SK 와이번스전에서도 역전 2타점 결승타로 팀 연승 행진의 발판을 놓았다.

프로 5년차 이대호는 팀의 신임을 얻으며 결정적인 순간을 기다리는 해결사로 고속 성장했다. 그동안 용병급 하드웨어에서 나오는 장타로 주목은 받았지만, 꼴찌를 벗어나지 못하는 팀 성적과 맞물려 좀처럼 거포 유망주라는 딱지를 떼지 못했다. 그러나 2005년의 이대호는 자신의 엉덩이에 꼬리표처럼 따라다니던 차세대 거포의 이미지를 지우며 영양가 만점의 방망이를 휘둘렀다.

이대호는 그해 21홈런으로 2년 연속 20개 이상의 아치를 그렸고 타점도 68에서 80타점으로 훌쩍 뛰었다. 그리고 이듬해 2006년이 되자 프로 데뷔 이후 처음으로 3할 타율에 26홈런 88타점을 기록했다. 팀은 여전히 하위권에 맴돌았지만, 이대호는 그렇게 결정적 순간을 놓치지 않는 확실한 팀의 4번 타자로 뿌리를 내렸다.

이대호의 스타 기질, 150미터 장외 홈런!

● ● ● 2007년 프로 7년차가 된 이대호는 모든 투수가 두려워하는 타자가 됐다. 그리고 그해 야구 역사에 한 획을 긋는 기록을 세웠다. KBO리그에서 공인된 최장거리 홈런 기록이다.

2007년 4월 21일 부산 사직구장에서는 롯데 자이언츠와 현대 유니콘스의 경기가 열렸다. 롯데가 1:0으로 앞선 1회말 1사 2루에서 이대호가 타석에 섰다. 상대 투수는 현대의 우완 에이스 정민태였다. 유일한 토종 20승 투수인 그는 노련했다. 1루가 비어 있는 상황에서 이대호에게 좋은 공을 던지지 않았다. 걸어서 타자를 내보낼 마음은 없었지만, 그렇다고 무턱대고 정면승부를 펼칠 생각도 없었다. 스트라이크존에 걸치는 공으로 이대호의 방망이를 살살 이끌어내려고 했다.

투수는 거포를 상대할 때, 홈런과 같은 장타를 맞지 않기 위해 스트라이크존의 바깥쪽 낮은 코스를 주로 겨냥한다. 타자의 눈과 방망이로부터 가장 먼 곳이다. 몸 쪽 승부는 피하는 게 투구의 기본이다. 타자의 몸 쪽으로 붙이려다가 몸에 맞는 공을 내줄 수 있고, 자칫 잘못하면 공이 가운데로 몰려 큰 것 한 방을 맞을 수 있기 때문이다.

따라서 우완 투수가 장타력을 갖춘 우타자를 상대한다면, 바깥

쪽으로 휘면서 떨어지는 슬라이더나 스트라이크존에서 아래로 떨어지는 포크볼을 낮게 던져 범타를 유도하는 게 정석이다. 정민태는 2볼 1스트라이크에서 4구째는 바깥쪽으로 떨어지는 변화구를 던지며 타자를 유혹했다. 그러나 이대호가 꿈쩍하지 않으며 볼카운트는 3볼 1스트라이크가 되었다.

이제는 투수가 스트라이크를 던져야 하는 상황. 카운트가 몰리자 마운드의 정민태는 고민했다. 하나를 더 빼고 다음 타자를 상대할까. 아니면 정면승부를 할까. 30대 중반의 산전수전 다 겪은 15년차 베테랑 투수는 이대호의 의표를 찌르기고 결정했다. 4번 타자이지만, 이대호는 아직 경험이 부족한 20대 중반에 불과한 젊은 타자가 아닌가.

3볼 1스트라이크처럼 스트라이크가 필요한 상황에서 투수는 대개 직구를 던진다. 투수가 평소 가장 많이 던지는 구종이 직구다. 그만큼 손에 익숙하다. 많이 던져봤기에 자신감이 크다. 또한 변화구보다 궤적의 변화가 적기 때문에 스트라이크존으로 날아갈 확률도 가장 높다.

그렇다면 대척점의 타자 입장에서는 어떤 노림수를 가질까. 당연히 직구다. 투수의 직구 타이밍에 스윙을 준비하게 된다. 이제 투수와 타자는 서로의 패를 꺼내놓고 싸우는 형국이다. 그러나 베테랑 정민태는 여기서 몇 가지 트릭을 더 준비했다.

야구의 시작은 투수와 타자의 수 싸움이다. 서로 공을 던지고 치는 순간은 짧다. 야구를 3시간 동안 한다면, 선수들이 움직이는 시간은 채 30분이 되지 않는다. 그렇다고 나머지 2시간 30분이 빈 공간으로 남겨져 있지 않다. 서로의 노림수를 헤아리는 시간이 그 안에 녹아 있다.

불리한 볼카운트에서 정민태는 글러브 안에 손을 집어넣어 직구 그립을 체인지업 그립으로 바꿨다. 그는 이대호가 직구를 노릴 것이라고 생각했고 이를 역이용해 직구처럼 날아가다가 떨어지는 변화구를 선택했다. 여기서 베테랑답게 한 번 더 트릭을 섞었다.

이대호가 변화구까지 염두에 두고 있다는 가정 하에 슬라이더가 아닌 체인지업 그립을 잡았다. 타자가 하나의 노림수를 가질 때는 변화구가 아닌 직구에 타이밍을 맞춘다. 변화구를 기다리는데 직구가 들어오면 사람의 몸은 반응할 수 없다. 그러나 직구를 기다리는데 그보다 느린 변화구가 들어오면 스윙 템포를 늦추면서 타격할 수 있다. 타격 기술이 뛰어난 타자에 한정해서 그렇다.

이대호 정도의 타자라면 직구를 치려다가 슬라이더가 들어오면 방망이가 궤적을 따라가며 칠 수 있다고 판단했다. 그러나 슬라이더와 반대쪽 궤적을 가지는 체인지업이라면 충분히 승산이 있다고 봤다.

중지와 약지로 한껏 회전을 준 투수의 체인지업은 직구처럼 홈 플레이트로 향했다. 이제 남은 것은 정민태가 펼친 그물에 타자가 속아 넘어오는 것.

그러나 한 시대를 풍미한 최고의 투수가 예상한 결과는 당혹스럽게 나타났다. 야구 역사에 불명예스런 이름을 남기게 됐다. 회심의 체인지업이 스트라이크존에서 높게 형성됐다. 타자의 눈에서 가까울수록 정확하게 맞을 확률이 높아진다. 게다가 홈플레이트 앞에서 스트라이크존으로 밀려 들어가기 시작했다. 스트라이크존 한 가운데로 들어오는 밋밋한 시속 126킬로미터 짜리 체인지업은 이대호의 입맛에 딱 맞는 최고의 식사거리였다. 방망이의 스위트스폿에 정확하게 충돌한 타구는 '꽝!' 하는 파열음과 함께 사직구장을 쪼개듯 날아갔다. 정민태의 실투와 이대호의 집중력이 그 타구에 실렸다.

사직구장 관중석에서는 "와!" 하는 함성이 일렁였다. 홈런을 직감한 관중들의 환호였다. 그런데 "와~"하는 함성이 잦아들었다. 까마득하게 날아가던 타구가 담장을 넘어 사직구장을 아예 넘어가면서 "어~, 어~" 하는 놀라움으로 바뀌었다. 1985년 개장한 사직구장에서 처음 나온 장외 홈런이었다. 홈런 타구가 경기장 밖으로 자취를 감추자 관중들은 잔치마당처럼 신나게 '부산갈매기'를 불렀다.

더그아웃에서 이대호의 홈런을 목격한 현대 유니콘스의 김시진 감독은 "꽝! 하는 순간에 어쩔했다. 힘이 좋은 건 알았지만, 장외까지 날아갔다. 대단하다"라고 칭찬을 아끼지 않았다. 야구에서 타자는 3할 타율만 기록해도 훌륭한 선수로 인정받는다. 그러나 최고의 스타는 꾸준함과 함께, 결정적 순간에 임팩트 있는 장면을 연출하는 데 그 매력이 있다.

이대호의 장외 홈런을 보고서, 방망이를 거꾸로 잡아도 3할을 친다던 양준혁이 이대호의 일본행을 예언했다. 그는 "너무 잘 친다. 공을 딱 세워놓고 치는 느낌이다. 정확하게 임팩트 포인트를 잡아놓고 치기 때문에 좋은 타구가 많이 나온다. 덩치가 크면서도 유연하기 때문에 가능한 일"이라며 "이대호 같은 선수는 FA가 되면 일본 진출도 가능하지 않겠나"라고 말했다.

그러나 양준혁은 몰랐다. 그 당시 이대호가 FA 자격을 취하려면 아직 멀었다는 것을. 동갑내기 오승환이 "저랑 동기입니다. 82년생. 스물여섯 살이죠"라고 말하자 양준혁은 "뭐? 그것 밖에 안 됐어? 스물여덟은 된 줄 알았는데……."라며 놀라워했다. 이대호의 노련한 모습에 연차가 쌓인 경험 많은 타자라고 착각한 것이다. 이대호는 양준혁의 예언이 있고나서 5년 뒤에야 FA 신분으로 일본행 비행기에 올랐다.

알짜 홈런왕 이대호, 역대 가장 낮은 삼진 비율 홈런왕

● ● ● 살면서 확신이 서지 않을 때 우리는 '모 아니면 도'를 외

친다. 공중에 던진 윷가락의 결과는 아무도 모른다. 잘 되면 모, 안 되면 도. 우리의 삶은 계획되어 있는 게 아닌 선택의 결과에 의해 만들어진다. 그래서 최선의 선택을 위해 우리는 주저하고 망설인다.

타석의 타자도 도가 아닌 모의 확률을 높이기 위해 고민을 거듭한다. '공을 보고 공을 친다'는 게 타격이지만, 늘 좋은 컨디션을 유지하기는 힘들고 강속구는 보고 치기도 어렵다. '홈런왕은 리무진을 타고 타격왕은 세단을 탄다'라는 야구 격언이 있다. 단타형 타자보다 거포의 가치가 높다는 의미. 그만큼 안타보다 홈런을 치기는 어렵다.

스윙이 큰 만큼 타격의 시작이 빨라 공을 보는 시간이 짧다. 정확도가 떨어진다. 그래서 홈런 타자는 모 아니면 도에 통달한 사람들이다. 이번 공이 직구라고 예상했다면 그 타이밍에 냅다 휘두른다. 잘 맞으면 멀리 가고 그렇지 않으면 방망이가 허공을 가른다. 계속 허공을 가르면 '선풍기'라는 조롱을 듣게 된다.

도가 아닌 모를 잘 뽑는 것을 야구에서는 일명 노림수라고 한다. 프로야구 선수 중에 노림수 하면 이 선수를 빠트릴 수 없다. 약간의 놀림이 섞여 있는 '인생은 이호준처럼'의 장본인인데, '야구는 이호준처럼'의 주인공으로 승격한 바로 그 이호준이다.

그는 2008년 SK 와이번스와 첫 FA 계약을 했는데 3년간 내리 부진하다가 계약 마지막 해에 반짝 활약을 했다. 아예 2008년 첫 해에는 부상으로 통째로 쉬었다. 사람들은 그를 향해 먹고 튄다는 의미로 '먹튀'라고 손가락질했다. 그리고 득점권에서의 낮은 타율 때문에 '로또준'이라는 별명이 덧붙여졌고, FA 계약기간 4년 동안 1년 만 활약한 뒤 34억 원을 챙기자 '인생은 이호준처럼'이라는 말도 생겼다.

그는 첫 FA가 끝나고 50퍼센트 삭감된 연봉으로 SK와 재계약했는데, 그해에 3할 타율에 18홈런 78타점을 올리며 부활의 기미를 보였다. 그러나 사람들은 'FA 로이드 효과'라고 평가절하했다.

이호준은 2012시즌을 마치고 제9구단인 신생팀 NC 다이노스와 계약기간 3년에 총액 20억 원으로 생애 두 번째 FA 계약을 맺었다. "과연 잘 할까?"라는 물음표가 붙었다. 먹튀의 경력 때문이었다. 그러나 이호준은 NC 유니폼을 입고 나서 전혀 다른 선수가 됐다. 2013년 126경기에 출장해 타율 0.278에 20홈런 87타점을 기록했다. 그 다음해인 2014시즌에도 활약상을 그대로 이어갔다. 2015시즌에도 통산 300홈런을 기록하며 변함없이 활약하자 "나이 마흔에 회춘했다"는 소리를 들을 만큼 매섭게 방망이를 돌렸다. 더그아웃에서도 그의 존재감은 상당했다. 팀의 맏형으로 선수단 전체를 이끄는 리더십을 발휘하며, 신생팀 NC가 빠르게 강팀으로 성장하는 데 일등공신 역할을 해냈다.

그에 대한 평가는 달라졌다. FA 로이드를 비꼬는 '인생은 이호준처럼'이 '야구는 이호준처럼'으로 바뀌었다. NC 다이노스의 김

택진 구단주는 2016 시즌을 앞두고 "이호준 선수 FA 한번 더 해야죠"라고 활약을 당부했다. 선수생명이 짧은 프로의 세계에서 3번의 FA는 극히 드문 행운이다.

이호준이 재기에 성공하고 회춘한 비결이 바로 수 싸움이다. 이호준은 투수가 어떤 공을 던질지 예측하는 능력이 탁월하다. '게스 히팅(guess hitting)'이라고 표현되는 노림수의 대가다. 동갑내기 이승엽도 둘째가라고 하면 서러워할 '수 싸움'의 대가다. 이들은 상대 배터리가 온갖 변칙적인 볼 배합을 시도해도 이를 간파해 안타로 연결해낸다.

이대호 역시 한국 프로야구에서 뛸 때 어린 나이에도 불구하고 감각적인 눈썰미를 뽐냈다. 경험이 축적되면서 약점이 없는 완성형 타자가 됐다. 이대호의 무서움은 득점권 타율과 삼진 비율에서 명확하게 드러난다. 이대호를 영입한 일본 프로구단과 미국 메이저리그 스카우트들도 그 점을 높이 샀다.

사실 이승엽, 이호준, 그리고 이대호와 같은 거포는 삼진을 많이 당한다. 홈런 1위 타자는 삼진 1위를 기록하는 경우가 많다. 투자 시장에서 수익률이 높을수록 리스크가 큰 것과 같다. 홈런 타자에게 삼진은 필수적이다. 강하게 칠수록 타구는 멀리 날아간다. 그리고 강하게 치려면 풀스윙을 해야 한다.

정확도에 포커스를 맞춘 단타 위주의 타격은 스윙이 작지만, 장타를 생산하는 타자의 스윙은 크다. 그런데 풀스윙을 할수록 공을 보는 시간이 짧아진다. 이때 필요한 게 바로 적절한 노림수다. 투수가 던지는 공의 구질을 얼마나 잘 예측하느냐에 따라 장타 생산율이 높아지고 삼진 수는 줄어든다. 많은 사람들이 국민타자 이승엽이 변화구에 헛스윙 하는 장면을 보며 "저걸 못 치냐!"라고들 하는데, 그만큼 시동을 빨리 걸어 스윙하기 때문이다.

한국 최고의 타자 계보를 잇는 이대호는 선배들에 비해 뛰어난 강점이 있다. 정확성이다. 그는 2006년에 타격 3관왕에 오르며 수준급 타자에서 정상급 타자로 발돋움했다. KBO리그에서 22년 만에 나온 타격 트리플 크라운이었다. 이대호는 타격왕과 홈런왕을 동시에 거머쥐며 정교함과 힘을 두루 갖추고 있음을 증명했다.

무엇보다 눈에 띄는 기록은 역대 가장 낮은 비율로 삼진을 기록한 홈런왕이라는 점이다. 홈런 개수를 떠나 이대호가 높이 평가받아야 할 부분이다. 또한 볼넷은 데뷔 이래 가장 많은 81개를 얻었다. 홈런 타자가 삼진이 적다는 것은 그만큼 노림수가 좋다는 의미로 해석할 수 있다. 정밀 타격이 가능한 핵폭탄이 바로 이대호인 것이다.

득점권 상황에서도 해결사 본색은 드러난다. 이대호가 일본에 진출하기 이전까지인 2007년부터 2011년까지 5년간 평균 타율은 0.331이다. 리그 최상위급 타율인데, 그의 득점권 타율 기록은 이를 상회한다. 주자 있는 상황에서는 0.349를 기록했고, 득점권에서는 0.355의 고타율을 기록했다.

홈런은 5년간 146개를 때려냈는데, 주자 있는 상황에서 나온 게 75개다. 홈런을 칠 때, 두 번에 한 번꼴로 투런 홈런 이상을 쏘아 올린 것이다.

상대 투수는 득점권 상황이나 주자 상황에서 이대호를 만나게 되면 정면승부를 꺼리게 마련이다. 그러나 기록에서 보듯 이대호는 그런 불리함마저 이겨내며 한 방이 필요할 때마다 자신의 존재감을 빛냈다.

일본에서의 책임감과 결정적 순간

● ● ● 조직에서 어떤 문제에 직면하거나 어려움이 닥치면 찾게 되는 사람이 있다. 난제를 맡길 수 있는 듬직한 사람이다. 일본에 진출한 이대호가 그랬다. 실력도 실력이지만 소통하는 자세로 신임을 얻었다. 소통은 말을 잘 하는 게 아니다. 상대를 잘 이해하고 자신의 생각을 잘 공유하는 데에 있다. 이대호는 동료들과 그라운드에서 뿐만 아니라 경기 후에 식사도 자주하며 허물없이 지냈다. 외국인 선수 신분이지만 오랫동안 동고동락한 동료에 더 가까웠다. 그가 타석에 서면 동료들은 "이대호가 칠 것 같은 묘한 기대감을 느낀다"고 입버릇처럼 말하곤 했다.

선수단의 절대적인 신뢰 속에서 이대호는 2012년 일본 첫 해부터 전 경기 4번 타자로 출전했다. 오릭스 버팔로스 야수 중에서는 유일했다. 리그에서도 전 경기 4번 타자 출장은 니혼햄 파이터스의 나카타 쇼와 함께 유이했다. 그만큼 이대호에 대한 선수단의 믿음은 강했다.

이대호는 일본 2년차인 2013시즌에서도 전 경기 출장 기록을 이어나갔는데, 5월 12일 니혼햄 전에서 1타점 적시타를 치고 나서 교체가 됐다. 그때까지 교체가 없던 선수였기에 그가 경기 중간에 빠진 것만으로도 일본 언론의 주목을 받았다.

이유가 있었다. 그는 전날부터 몸살과 복통으로 거의 잠을 자지 못했다. 밤새도록 설사 때문에 화장실만 수십 차례 오가며 심각한 탈수증상으로 경기 출전이 힘든 컨디션이었다.

걱정이 된 감독이 출전 가능 여부를 물었는데, 그는 "무조건 나간다"라고 우겼다. 그리고 최악의 컨디션에서도 타점과 안타를 기록하며 4번 타자의 책임을 다했다.

이는 시사하는 바가 많다. 팀 내 최고 몸값의 이대호지만, 일본에서는 외국인 선수일 뿐이다. 대개 용병은 자신의 몸을 아낀다. 몸이 재산이기 때문이다. 그래서 컨디션이 좋지 않으면 경기에 출전하지 않는 등 최대한 몸을 사린다. 뛸 수 있어도 쉬는 경우도 많다.

이대호 역시 전 경기 출전 기록을 무시하고 휴식을 취해도 무방한 상황이었다. 그러나 빅보이의 책임감은 남달랐다. 롯데 시절부터 몸에 배어 있는 책임감이었다. 그를 필요로 하고 팬들이 부른 다면 언제든 출전했다. 또한 그렇게 하기 위해 평소 몸 관리에 철저했다. 결정적 순간마다 한 방을 쳐낼 수 있는 건, 그런 성실함이 바탕에 깔려 있었기에 가능했다.

오릭스 버팔로스에서의 활약을 마치고 이대호는 소프트뱅크 호크스로 이적했다. 그리고 그는 소프트뱅크의 2014년 우승에 이어 2015년에도 재팬시리즈 내내 결정적인 활약을 하며 팀의 2연패를 이끌었다.

승부는 5차전에서 결정났다. 이대호는 여느 때와 다름없이 4번 타자로 선발 출전해 야쿠르트 스왈로스를 상대했다. 3타수 1안타 1볼넷을 기록했는데, 1안타가 우승을 자축하는 홈런이었다. 이날 소프트뱅크는 5:0으로 야쿠르트를 누르고 4승 1패로 우승컵을 품에 안았다.

이대호가 있어 가능한 우승이었다. 1차전에서 4타수 3안타, 2차전에서는 투런 홈런, 3차전에서는 무안타로 주춤했고 팀도 패했다. 그러나 4차전에서 3안타 4타점으로 맹공을 퍼부었다. 그리고 최종전이 된 5차전에서도 홈런포를 가동하며 우승을 확정지었다. 재팬시리즈 5경기에서 결승타만 세 차례 기록했다. 더 이상 무슨 말이 필요 있을까. MVP는 당연히 '조선의 4번 타자'의 몫이었다. 이는 한국선수 최초 재팬시리즈 MVP이며 19년 만에 나온 외국인 MVP이기도 했다.

리그를 막론하고 정규시즌보다 더 많은 관심을 받는 게 포스트시즌이다. 가을 잔치가 열리면 야구에 그다지 관심이 없는 이들도 야구 소식에 귀를 기울이게 된다. 각 팀 에이스가 총출동하며 자웅을 겨루는 단기전은 압축된 야구의 진면목을 보여준다.

후끈 달아오르는 관심지수 만큼 벤치와 선수들의 스트레스는 상상을 초월한다. 페넌트레이스에서 잘 해오다가 플레이오프나 챔피언 결정전에서 부진하면 지금까지의 활약은 싹 묻혀버리게 된다. 대신 큰 경기에 약하다든지, 새가슴이라든지, 영양가가 없다는 손가락질을 받게 된다.

그런데 큰 경기에 유난히 강한 선수가 있다. 결정적 순간을 즐기는 강심장의 선수가 그 주인공이 된다. 재팬시리즈 내내 소프트뱅크는 이대호에게 기댔고, 빅보이는 그럴 때마다 믿음의 대포를 쏘아 올렸다.

이대호는 기회를 잡기 위해 늘 노력했다. 프로야구 초년병 시절, 타자로 전향해 힘든 시기를 보내야 했지만 그 위기를 기회로 삼았다. 수술의 고통을 성장의 발판으로 전환시켰다. 일본에서도 쉬지 않고 타석에 서며 기회를 기록으로 바꾸었다.

기회를 놓치지 않는 건, 이대호에게 어찌 보면 습관과 같았다. 그가 중요한 순간마다 해결사 역할을 한 비결은 하루아침에 만들어진 게 아니다. 기회가 오기를 기다리며 묵묵히 하루하루 최선을 다해 온 시간이 있었기에 가능했다. 이대호는 어려움에서도 기회를 찾아내는 진정한 그라운드의 낙관론자인 것이다.

순간을 놓치지 않는다.
그 안에 인생을 바꾸는 결정적 순간이 있다

● ● ● 기회는 두 번 오지 않는다. 기회는 문을 두드릴 때 한 번만 두드리지 두 번 두드리지 않는다. 그래서 누구에게나 찾아오지만 모두가 잡을 수는 없다.

기회(opportunity)의 어원은 라틴어 옵 포르투(Ob Portu)에서 왔다. 밤새 고기를 잡은 어부들이 항구 밖에서 대기하다가 밀물 때를 기다려 항구로 돌아오는 것을 뜻한다. 옛날에는 항구가 늘 개방되는 곳이 아니었다. 물이 잔잔하고 바람이 불지 않는 날을 골라 항구가 열렸다. 기회(Ob Portu)는 어부에게는 귀항을, 상인에게는 장사를, 또한 적국에서는 침략의 호기였다. 기회는 기다렸다가 활용하는 자에게만 열리는 항구와 같다.

제우스의 아들인 카이로스는 그리스 신화에 나오는 기회의 신이다. 그의 형상은 다음과 같다. 앞머리는 무성한데 뒷머리는 대머리이다. 어깨와 발뒤꿈치에는 날개가 달려 있고 양손에는 저울과 칼을 들고 있다. 이탈리아 토리노 박물관에 있는 카이로스의 조각상에 그 이유가 적혀 있다.

'앞머리가 무성한 이유는 사람들이 나를 보았을 때 쉽게 붙잡을 수 있도록 하기 위해서고, 뒷머리가 대머리인 이유는 내가 지나가면 사람들이 다시는 붙잡지 못하도록 하기 위해서다. 발에 날개가 달린 이유는 최대한 빨리 사라지기 위해서다.'

카이로스는 로마 신화로 넘어가면서 기회의 여신 오카시오로 바뀐다. 생김새는 카이로스와 마찬가지로 앞머리가 길고 뒷머리는 대머리이다. 오카시오는 기회를 뜻하는 'Occasion'의 어원이다. 카이로스와 오카시오의 생김새가 뜻하는 것은, 기회는 기다리면 찾아오는 것이 아닌 앞에서 적극적으로 손을 내밀어 잡아야 한다는 것이다.

알리바바의 마윈 회장은 "세상에서 가장 같이 일하기 힘든 사람은 가난한 사람들이다"라고 일갈하며 기회의 본질에 대해 이야기한다. 마윈은 "자유를 주면 함정이라고 하고, 작은 비즈니스라고 하면 돈을 별로 못 번다고 얘기한다. 큰 비즈니스라고 하면 돈이 없다고 하고, 새로운 걸 시도하자고 하면 경험이 없다고 한다. 전통적인 비즈니스라고하면 어렵다고 하고, 새로운 비즈니스모델이라고 하면 다단계라고 한다. 마트를 같이 운영하자고 하면 자유가 없다고 하고, 새로운 사업을 시작하자고 하면 전문가가 없다고 한다"라고 꼬집었다. 평계를 대며 기회를 차버린다는 뜻이다.

그래서 마윈은 그들의 공통점으로 "구글 등의 검색 사이트에 물어보기를 좋아하고, 희망이 없는 친구들에게 의견 듣기를 좋아하며, 자기들은 대학교수보다 더 많은 생각을 한다고 착각하지만 장님보다 더 적은 일을 한다. 그들에게 물어보라. 무엇을 할 수 있는지! 대답할 수 없다"라고 말하며 다음과 같이 결론 내린다.

"가난한 사람들은 공통적인 행동 때문에 실패한다. 그들의 인생은 기다리다가 끝이 난다. 그렇다면 현재 자신에게 물어보라. 당신은 가난한 사람인가?"

사과나무에서 사과가 떨어지길 기다리는 사람에게 기회는 찾아오지 않는다. 즉 기회가 곁에 있어도 잡지 못하면 무용지물인 것이다.

130미터에서 150미터로

이대호의 사직구장 장외 홈런은 애초에 130미터로 발표됐다. 장외를 넘어갔는데 130미터라니. 뭔가 이상했다. 롯데 구단 관계자가 KBO 기록원에게 항의했다. 아니나 다를까. 기록원이 이대호의 홈런 타구가 어디까지 날아가는지 확인하지 못한 결과였다. 빠르게 날아가는 홈런 타구를 시야에서 놓친 것이었다. 방송카메라도 궤적을 좇을 수 없을 만큼 빠른 속도였다.

KBO는 이대호의 장외 홈런을 130미터로 발표했다가 140미터로 정정했다. 그러나 롯데 측은 역사에 남을 첫 장외 홈런이라 정확성을 요구했다. TV화면을 증거로 제시하며 다시 항의했다.

그리고 정확한 낙구지점을 직접 찾아 비거리를 정확하게 확인했다. 실측 결과는 151.20미터였지만, 홈런 비거리 단위를 5미터로 끊기 때문에 150미터로 최종 정리됐다. 실제 거리보다 1.20미터가 줄어들었다. KBO리그에서 홈런 비거리는 기록원의 눈으로 측정한다. '목측(目測)'이다.

각 구장 기록원실에는 홈런 비거리를 계산하는 구장 도면이 있다. 그 도면에는 시즌 전에 측량 기사들이 외야 스탠드에 낙구지점을 표시한 뒤 홈플레이트와의 거리를 표시한다. 각 구장 기록원은 눈으로 낙구지점을 확인해 그 도면에 대입해 비거리를 기록한다. 장외 홈런은 150미터로 통상적으로 발표한다.

1호 장외 홈런 공을 손에 쥔 이는 가족과 함께 야구를 보러 온 주부였다. 야구장 뒤쪽에 주차하고 입장하러 가는데 공이 그녀 앞으로 굴러왔다. 롯데는 그녀의 증언에 따라 볼이 떨어진 지점을 찾아 줄자로 실측했다. 롯데는 사직구장 첫 장외 홈런을 기념하기 위해 낙구지점에 기념 동판을 만들었다. 홈런 공은 구단에서 영구보존하기로 했다.

Chapter 9

돈보다
꿈을 선택한다

"오직 한 가지 성공이 있을 뿐이다.
바로 자기 자신만의 방식으로 삶을 살아갈 수 있느냐이다."
- 크리스토퍼 몰리

 일본 프로야구 선수 중, 구로다 히로키라는 선수는 LA 다저스와 뉴욕 양키스에서 2010년부터 2014년까지 5년 연속 30경기 이상 등판해 79승을 거두며 성공적인 메이저리그 경력을 쌓았다. 그런데 특이하게 빅리그 첫 해인 2007년, LA 다저스와 3년 계약을 마친 다음부터는 줄곧 1년짜리 계약을 고집했다. 일반적인 선수라면 다년 계약을 요구할 텐데 그는 정반대였다.
 30대 중반의 구로다는 그 이유에 대해 "더 이상 내년을 위해서 야구하는 나이가 아니다. 매년 모든 것을 발휘할 각오로 시즌에 임하고 싶다. 다년 계약을 하면 아무래도 다음 시즌을 생각하게 된다. 언제나 그랬던 것처럼 올해가 마지막이라는 자세로 뛰겠다"라고 자신의 야구철학을 밝혔다. 구단은 구로다에게 다년 계약을 제시했지만, 그는 스스로 배수진을 치며 완벽하게 1년을 불태우

겠다고 다짐했다. 구로다는 다년 계약으로 벌어들이는 돈보다 자신의 꿈과 명예가 더 중요했다. 그는 일본으로 복귀할 때도 돈이 아닌 의리를 좇았다.

2015년 친정팀인 히로시마 카프와 1년 4억 엔에 계약하며 8년 만에 금의환향하게 되는데, 뉴욕 양키스를 비롯한 다수의 메이저리그 팀으로부터 러브콜을 받았고, 샌디에이고 파드레스는 1년에 1,800만 달러까지 내놓았지만 구로다는 그보다 연봉 5분의 1 수준의 히로시마를 택했다.

그 까닭은 구로다가 메이저리그에 진출하는 시점으로 돌아간다. 그는 2008년 LA 다저스로 이적하며 "히로시마를 우승시키고 떠나고 싶지만 지금은 꿈을 좇지 않으면 안 된다고 생각한다"라고 밝히며 빅리그 도전을 향한 출사표를 던졌다. 그리고 한 가지를 굳게 약속했다. "다시 일본으로 돌아와 뛸 것이다. 그리고 그 팀은 오직 히로시마뿐이다"라고.

히로시마 카프는 요미우리 자이언츠나 한신 타이거즈처럼 주류가 아닌 비주류 구단에 속한다. 그가 일본행을 밝히자 부자 구단 요미우리가 돈다발을 준비했지만, 구로다의 결정은 흔들리지 않았다. 구로다에게 돈은 선택의 제1조건은 아니었다.

실력만큼
인정받고 싶다

● ● ●   이대호의 마음이 떠나기 시작했다. 처음으로 프로 유니폼을 입은 고향팀 롯데 자이언츠. 그동안 많은 일이 있었다. 즐거운 일도, 힘들었던 일도. 지나고 나면 모두 추억이 된다고 했던가. 이대호는 자신이 나고 자란 팀에 대한 개인적인 애정은 잠시 내려놓기로 했다. 수년간 동고동락했던 동료들과의 헤어짐도 조금씩 준비했다.

그렇게 마음 주변을 조금씩 정리한 이대호는 2011년 시즌을 마치고 일본행에 올랐다. 새로운 도전이었다. FA 자격을 얻은 이대호는 한국을 떠나 일본 프로구단 오릭스와 계약기간 2년간 총액 7억 6,000만 엔에 계약했다. 그는 고향팀에서 뼈를 묻을 생각도 했었다. 그러나 프로선수는 자신의 가치를 인정해주는 곳으로 가야 하는 게 숙명이다.

일본행 비행기에 올라 좌석에 몸을 기댄 이대호는 지그시 눈을 감았다. 앞으로 나아가는 비행기와 달리 기억은 1년 전으로 향했다.

2010년은 이대호의 해였다. 9경기 연속 홈런으로 세계신기록을 세웠고 도루를 제외한 공격 전 부문에서 1위를 차지하며 타격 7관왕의 영예를 얻었다. 시즌을 마친 이대호는 다음 시즌을 기대하며 들뜬 표정으로 연봉 협상 테이블에 앉았다. 최고의 기록에 걸맞은 연봉안을 기대했다.

그러나 구단의 제시액은 6억 3,000만 원. 이대호 본인이 생각한 7억 원과 7,000만 원 차이가 났다. 구단은 제시액에서 꿈쩍하지 않았다. 양 측은 팽팽한 줄다리기를 하며 평행선을 달렸다. 구단은 2003년 이승엽이 삼성 라이온즈로부터 받은 6억 3,000만 원을 기준으로 내세웠다.

이대호는 답답했다. 자신의 가치가 당시 현역 최고 연봉자인 두산 김동주(당시 7억 원) 선배의 연봉 정도는 된다고 봤다. 협상 테이블을 마주한 구단의 처사가 아쉬웠다. 게다가 구단이 기준으로 삼은 이승엽 선배의 계약은 7년 전 계약이었다.

결국 양 측의 협상은 결렬됐다. 이대호는 다음 수순을 밟았다. 물가상승률과 자신의 이름을 내걸어 판매하는 구단 프랜차이즈 상품 매출액 등을 근거로 제시하며 한국야구위원회(KBO)에 연봉 조정을 신청했다.

그때까지 프로야구에서 연봉 조정이 이뤄진 건 모두 19차례가 있었다. 19명의 선수 중에 목적을 달성한 선수는 2002년 LG 트윈스 소속 유지현이 유일했다. 그마저도 훗날 패씸죄에 걸려 일찍 은퇴하게 됐다. 이처럼 연봉 조정의 결과는 선수에게 있어 참혹했다. 연봉 조정 위원회에 선수의 입장을 대변하는 목소리가 없기 때문이었다. 선수는 구단을 상대로 외로운 싸움을 벌여야 했다. 과연 이대호는 역대 두 번째로 승리자가 될 수 있을까.

모든 관심의 초점이 연봉 조정 결과로 몰렸다. 여론은 부산의 프랜차이즈 스타 이대호 편으로 기울었다. 워낙 뛰어난 성적을 거뒀기에 연봉 조정에서 우위를 점할 가능성은 충분했다.

1년 전 기억 속에서 머물던 이대호는 잠시 회상을 멈췄다. 7,000만 원 차이. 많다면 많고 적다면 적은 금액. 롯데 자이언츠는 내게 7,000만 원을 더 쓰는 게 아까웠을까. 구단은 선수들 간의 형평성을 고려해 7억 원은 힘들다고 말했다.

그러나 그가 구단을 상대로 연봉을 놓고 한판 자존심 싸움을 한 건, 자신의 이익 때문만은 아니었다. 동료 선수들을 대표하는 마음이 있었다. 롯데 자이언츠 프런트는 연봉 협상 테이블이 열릴 때마다 선수들과 갈등을 빚곤 했다. 야구인 출신 프런트는 후배들의 연봉을 후려쳤고, 협상 중에 고성이 오갔다. 연봉을 올려줄 때는 마치 인심을 쓰는 것처럼 행동했다. 프런트는 그러지 않았다고 항변했지만, 마주하고 앉았던 선수들은 그렇게 느꼈다.

동료들의 격려를 등에 업은 이대호는 협상 테이블에서 한 발짝도 물러서지 않았다. 달걀로 바위를 깨는 상황이 되더라도 구단의 협상 태도를 바꾸고 싶었다. 결국 주사위는 KBO의 손으로 넘어갔다. 결과는 이대호의 패배였다. KBO는 이대호의 2011년 연봉을 6억 3,000만 원으로 결정했다. 그의 미간이 잠시 찌푸려졌다. 기억은 더 이전으로 향했다.

프로 6년차에 접어든 2006년 시즌, 이대호는 1억 3,000만 원을 받으며 처음으로 억대 연봉자가 됐다. 그 기쁨은 기록으로 나타났다. 이대호는 그해 타격 3관왕에 올랐다. 연봉은 두 배로 뛰었다. 그러나 이후부터 연봉 상승세가 지지부진했다. 2008년에는 연봉이 동결됐고, 급기야 2009년에는 팀 내 타자 고과 1위를 차지했지만, 구단 쪽에서는 2,000만 원 삭감안을 들고 나왔다. 타율 0.293을 기록하며 4년 만에 3할 타율을 기록하지 못했지만, 28홈런 100타점으로 4번 타자로 역할을 다했다. 구단의 처사가 못내 서운했다.

구단은 내가 돈을 많이 바란다고 생각했을까. 많은 선수들이 구단과 흡족하게 연봉 협상을 끝내고 나면 자존심을 세워줘서 고맙다는 말을 한다. 언론을 통해 기사화되는 대표적인 멘트이기도 한데, 그건 빈말이 아니다. 선수들의 몸값은 바로 그들의 가치를 뜻한다. 연봉을 낮게 책정하면서 그 선수의 가치를 인정한다는 건 성립될 수 없다. 돌이켜보면 돈을 많이 벌고 싶었다. 그래서 열심히 땀 흘리며 운동했다. 그러나 돈보다 늘 명예를 선택했다고 자부한다.

이대호는 2011년 타격 7관왕에 이어 그 이듬해에도 타격 3관왕을 차지하며 KBO리그 넘버원 타자임을 확인시켰다. 롯데 자이언츠는 2012년 시즌을 마친 이대호가 FA 자격을 얻자 4년 100억 원(연봉 80억 원, 옵션 20억 원)을 제시했다. 불과 1년 전에 7,000만 원을 두고 실랑이를 하던 롯데 구단의 통 큰 제안이었다. 그러나 이번에는 이대호가 마다했다. 도전과 명예를 선택했다. 일본 프로야구 퍼

시픽리그 오릭스 버팔로스와 2년간 7억 6,000만 엔에 사인했다.

새로운 도전,
돈보다 꿈이 먼저다

● ● ●　한국을 떠나 일본에 도착한 이대호는 크게 심호흡을 했다. 새로운 도전을 향한 심기일전이었다. 이곳에서는 무엇이 나를 기다리고 있을까. 사람들은 불확실한 미래와 직면하면 위축되지만, 빅보이 이대호는 묘한 설렘에 빠졌다. 불투명한 미래 너머 성공할 수 있다는 확신이 들었다. 초등학교 3학년 때 야구를 시작해 수많은 난관을 극복했다. 지금까지 넘은 허들의 숫자는 셀 수 없을 만큼 많았다. 그리고 그만큼 단련됐다.

　이대호는 오릭스에서 2년간 팀의 중심으로 맹활약했다. 일본 첫 해인 2012년에 데뷔하자마자 정규시즌 144경기에서 모두 4번 타자로 뛰었다. 타율 0.286에 24홈런 91타점을 기록하며 성공적인 첫 시즌을 보냈다. 일본 프로야구에 대한 적응력을 키운 2013년에는 2년 연속 24홈런 91타점을 기록했고 타율은 3할을 넘겼다. 다시 FA 자격을 얻은 이대호는 소프트뱅크 호크스와 2년간 총액 9억 엔에 계약했다. 3년째는 이대호가 재계약을 결정할 수 있는 조건이었다.

이대호는 일본에서의 두 번째 팀 소프트뱅크에서 팀을 2년 연속 재팬시리즈 우승으로 이끌었다. 시간을 되돌릴 수는 없지만, 만약 2011년에 롯데 자이언츠가 이대호가 요구한 연봉 7억 원을 수용했다면 역사는 바뀌었을까. 그렇다면 2015년의 이대호는 달라졌을까.

이대호가 2015시즌 뒤에 소프트뱅크의 쓰나미 같은 러브콜을 애써 무시하고 메이저리그행을 선언했을 때 많은 사람들이 응원했지만, 반대 목소리도 적지 않았다. 그 몸집과 나이에 과연 성공할 수 있을까하는 의심의 눈초리였다. 그것도 메이저리그 계약이 아닌 마이너리그 계약이라는 사실이 알려지자 그의 꿈을 응원하던 사람들마저 말릴 정도였다. 스프링캠프에서 눈도장을 찍지 못하면 마이너리그를 전전하다 초라하게 돌아와야 하는 시나리오가 그려졌다.

그러나 이대호는 결정적 순간이 찾아오자, 가슴속에서 늘 갈고 닦았던 도전을 선택했다. 돈보다 꿈을 선택했고 안정된 생활보다 불확실한 미래를 선택했다. 과연 소프트뱅크가 내놓은 3년 18억 엔을 거절하고, 미래를 기약할 수 없는 미국행을 선택할 수 있는 사람이 얼마나 될까.

2015년 11월 3일. 빅보이 이대호는 공식적으로 미국 메이저리그 진출을 선언했다. 2년 연속 재팬시리즈 우승 확정 후 마음 한 켠에 간직했던 메이저리그 도전의 꿈을 꺼냈다. 수십 명이 모인

취재진 앞에 선 그는 "나의 꿈은 항상 메이저리그에서 뛰는 것이었다. 어느덧 내 나이도 30대 중반이다. 지금이 아니면 힘들 것 같았다"라고 밝혔다. 늘 그렇듯 여유 있는 표정이었지만 말꼬리가 살짝 떨렸다. 수많은 카메라 앞에서 꼭꼭 가렸던 꿈을 드러내자, 긴장과 부담보다는 '이제 다시 시작이구나!' 하는 기운이 온몸의 핏줄을 타고 회돌이쳤다.

넘치는 승부욕, 돈과 자리보전보다 도전을 택하다

● ● ● 이대호는 항상 웃고 있는 얼굴표정과 달리 가슴속에는 날이 시퍼렇게 선 칼을 품고 있다. 최고 선수가 되어야 한다는 열망이 그 누구보다 강하다. 그리고 그는 서슴없이 그 욕심을 드러내는 스타일이다. 직설적이었다. 2010년 시즌 후였다. 이대호는 타격 7관왕을 차지하며 시상식장에서 가장 화려한 조명을 받았다.

그는 그 자리에서 "2006년에는 비참한 마음으로 시상식장에서 퇴장했다. 팀이 4강에 못 갔지만, 상을 4개나 받고도 쓸쓸하게 퇴장한 선수는 나밖에 없었을 것이다. 즐거운 마음으로 시상식 자리에 갔는데, '30홈런 100타점도 안 되면서 타이틀을 가져간다'라는 뒷말을 여러 번 듣고 굉장히 서운했다. 4관왕(타율, 타점, 홈런, 장타율)을 하고도 비참한 사람은 나밖에 없었을 것이다. 결국 프로야구는 실력과 성적으로 말해야 한다. 그날 이후 마음속으로 칼을 갈고 있었다"라고 말했다. 이대호는 4관왕의 쓸쓸함을 4년 만에 7관왕으로 풀어버렸다.

2013년 제3회 WBC에 참가한 이대호는 훈련 중에 이승엽과 이런저런 이야기를 나누고 있었다. 이승엽이 "2003년에 144타점을 기록했다"고 하자 이대호는 "나는 2010년에 133타점을 기록하면서 정말 많이 타점을 올렸다고 생각했는데 형님한테는 안 되네요. 더 열심히 하겠습니다"라고 했다. 가볍게 주고받은 대화의 일부지만, 지기 싫어하는 이대호의 성격이 그대로 드러났다.

이대호가 일본에서 뛸 때 한국에서 취재진이 찾아가면 반가움을 표시하면서도 서운함을 숨기지 않았다. "왜 왔냐?"고 하면서 "요즘은 메이저리그가 대세죠. 다들 메이저리그만 보시던데……."라고 했다. 취재진의 관심이 일본 프로야구보다 미국 메이저리그에 더 높다는 불만을 표시한 것이다. 언중유골이었다. 시즌 중에 보면, 자신이 홈런을 쳐도 류현진이나 추신수의 활약에 묻혔다.

시즌을 마치고 귀국할 때도 그랬다. 일본에서 인상적인 활약을 한 자신보다 류현진이 더 많은 조명을 받았다. 지기 싫어하고 자존심으로 똘똘 뭉친 이대호에게 일본 다음의 목적지가 메이저리그가 된 건 어찌 보면 당연하다. 한국과 일본에서 성공하며 자신을 '행복한 선수'라고 했지만, 끓어 넘치는 승부욕과 끝장 승부를 보기 위해서는 현실에 안주하지 않고 도전을 선택해야 했다. 그런 그에게 돈과 자리보전은 뒷전일 수밖에 없다.

어항 속의 피라미가 될 것인가, 바다를 누비는 큰 물고기가 될 것인가

● ● ● '코이'라는 이름의 비단잉어는, 작은 어항에서 키우면 5센티미터 남짓 자라고 만다. 더 넓은 수족관이나 연못에서 키우면 20센티미터 전후의 크기로 자란다. 그런데 코이가 강과 같은 자연 상태에서는 최대 120센티미터 정도까지 자란다. 신기하게도 자신이 처한 환경에 따라 몸의 크기가 달라진다.

우리도 코이처럼 환경에 따라 자신의 한계를 미리 한정짓는 경우가 많다. "나는 지금 이래서 안 돼, 저래서 안 돼"라고 하면서. 세상을 탓하며 자신의 크기를 제한한다. 대어가 되어 대양을 누빌 수 있지만, 어항 속 작은 피라미로 전락해버린다.

애플의 창업자 스티브 잡스는 2005년 스탠포드 졸업식에서 자신이 입양아라는 점을 고백하며 피라미에 불과할 수 있었던 자신의 이야기를 밝혔다.

"사실 저는 대학을 졸업하지 못했습니다. 대학 졸업식을 이렇게 가까이서 보는 것도 처음입니다. 저는 리드 대학에 입학한 지 6개월 만에 중퇴했습니다. 그후 청강을 하며 대학 주변에 머물다가 1년 반 후에는 정말로 그만뒀습니다. 제가 왜 중퇴를 했을까요?"

잡스의 생모 조앤 시블은 위스콘신 대학원 시절, 시리아 출신으로 같은 학교 정치학과 조교인 압둘파타 존 잔달리와 사랑에 빠졌고 임신했다. 그러나 시블은 부친의 반대로 결혼이 힘들어지자 아이를 입양하기로 결정했다. 잡스는 어느 변호사 가정에 입양되기로 정해졌지만, 그쪽에서 딸을 원하며 무산됐다. 시블은 고교중퇴자인 양부모 폴 라인홀트 잡스와 클래라 헤고피언에게는 입양을 거부했다. 그러나 아들을 대학까지 보낸다는 약속을 받고서야 고집을 꺾었다. 잡스는 스탠포드만큼 학비가 비싼 리드 대학에 입학했고 6개월 후 자퇴했다.

"6개월 후 대학생활이 제게는 그만한 가치가 없어보였습니다. 양부모님이 평생 모으신 재산을 쏟아 붓는 상황이었죠. 모든 일이 잘 될 거라고 믿고 자퇴를 결심했습니다. 당시에는 두려웠지만 돌이켜보면 제 인생에서 최고의 결정이었습니다. 자퇴 후엔 관심 없던 필수 과목들을 그만두고 더 흥미 있어 보이는 강의를 듣기 시작했죠."

자퇴생 잡스의 학교생활은 전혀 낭만적이지 않았다. 머물 곳이 없어 친구 집 마루에서 잤고, 5센트짜리 콜라병을 모아 끼니를 때 웠다. 좋은 점도 있었다. 정규과목을 수강할 필요가 없어 서체 수업을 들었는데, 여러 글씨체의 아름다움에 매료됐다. 그게 인생에 실질적 도움이 될 것 같지는 않았다. 하지만 10년 후 매킨토시는 아름다운 서체를 가진 최초의 컴퓨터로 이 세상에 나왔다.

"만약 대학을 중퇴하지 않았다면, 서체 수업을 듣지 못했을 것이고, PC에는 지금과 같은 뛰어난 서체가 없었을 것입니다. 배짱, 운명, 인생, 숙명 등 그 무엇이 되었든 믿음을 가져야 합니다. 그 길이 아무리 험한 길이라 할지라도 그것이 인생에 있어서 모든 차이를 만들어내는 것입니다."

잡스는 나이 스무 살에 스티브 워즈니악과 부모님 집 차고에서 애플을 창업했다. 10년 후 4,000명이 넘는 직원을 거느리는 20억 달러짜리 기업으로 키워냈다. 그러나 잡스는 막 서른 살이 되었을 때 자신이 만든 회사에서 공개적으로 해고됐다. 목표를 상실한 잡스의 방황은 짧았다. 재기에 성공하며 다시 애플로 돌아왔다.

"당시에는 몰랐지만 애플에서 해고당한 것은 제 인생 최고의 사건이었습니다. 초심자의 가벼움은 인생 최고의 창의력을 발휘하는 시기로 갈 수 있도록 나를 자유롭게 해주었죠. 이후 5년 동안 저는 넥

스트(NeXT)와 픽사(Pixar)라는 회사를 세우고 제 아내가 되어준 여성과 사랑에 빠졌습니다. 애플에서 해고당하지 않았다면 이런 많은 일들 중 아무것도 일어나지 않았을 것입니다."

잡스는 꿈을 포기하지 않고 계속해서 좇았다. 시련을 거치며 "약을 들이키는 것은 괴로운 일이지만 환자에겐 필요한 법"이라는 걸 알게 됐다. 그는 사랑하는 일을 해야 한다고 말하며 만약 그런 일을 아직 찾지 못했다면 진심을 다해 꿈을 찾기 위해 전력투구할 것을 스탠포드 졸업생들에게 당부하며 "항상 갈망하라. 우직하게 나아가라(Stay hungry, Stay foolish)"로 연설을 마무리지었다.

잡스는 어항이 아닌 큰 바다를 꿈꿨고 "오늘이 내 인생의 마지막 날이라면 어떤 일을 할 것인가"라고 되물으며 거울에 비친 자신이 "Yes"라고 말할 때까지 안주하지 않고 변화를 멈추지 않았다. 부를 좇으면 명예가 따라오지 않지만, 꿈을 좇으면 부와 명성을 모두 얻을 수 있다.

생각이 바뀌면 태도가 바뀌고 태도가 달라지면 행동이 바뀐다. 행동이 달라지면 인격이 바뀌고 마지막으로 운명도 달라진다. 어항 속의 손가락만한 피라미가 될 것인가, 바다를 누비는 큰 물고기가 될 것인가.

재팬 머니 아닌 꿈과 명예를 선택

이대호가 미국행을 공식 선언하자 재팬시리즈 3연패를 노리는 소프트뱅크의 러브콜도 더욱 거세졌다. 구단 실세들이 직접 나서 이대호의 잔류를 요청했다. 소프트뱅크의 고토 사장은 "이대호의 잔류 교섭과 함께 새 외국인 선수 보강을 진행 중이다. 이대호가 다시 계약해주면 행복할 것이다. 러브콜은 계속 보내고 있다"고 밝혔다. 일본의 각 스포츠 매체는 "소프트뱅크는 이대호에게 연봉 5억 엔 이상, 다년 계약을 제시했다. 이를 뛰어넘는 메이저리그 구단은 없을 것"이라고 타전했다. 그럼에도 이대호는 배수진을 치고 미국 애리조나에 위치한 롯데 자이언츠의 스프링캠프로 향했다. 일본에서 제시하는 빅머니에 눈길 한 번 주지 않고 태평양을 건넜다.

그럼에도 불구하고 소프트뱅크의 구애는 멈추지 않았다. 오사다하루 소프트뱅크 구단 회장까지 나섰다. 일본의 전설적인 레전드인 그는 "이대호가 소프트뱅크에 남는 것이 최선이라고 생각한다"며 "그는 지난 2년 동안 우리와 함께 했기 때문에 팀에 적응해 있다. 스프링캠프 시작부터 합류하지 않아도 될 것 같다"라고 말했다. 소프트뱅크의 스프링캠프 시작일인 2월 1일에 맞춰서 오지 못하더라도 기다릴 테니 돌아오라는 메시지였다. 그러자 일본 현지의 각종 스포츠 매체들은 "이대호가 메이저리그 진출을 추진해도 소프트뱅크는 시간에 연연해하지 않고 그의 복귀를 기다린다"는 내용을 타전했다.

곧이어 소프트뱅크가 3년간 18억 엔의 대규모 탄환을 장전했다는 보도가 쏟아졌다. 금액도 놀라울 정도였지만, 1, 2년이 아닌 3년의 장기계약을 내걸었다. 이쯤 되면 아무리 돈을 돌처럼 본다고 해도 마음이 흔들릴 수 있다. 더군다나 미국처럼 새롭게 적응해야 하는 곳이 아닌 익숙한 일본이라면 더 군침을 흘릴 만하다. 과연 이대호의 마음은 흔들렸을까. 그는 "메이저리그 도전에 대해 가족과도 많은 이야기를 나눴다. 가장을 믿고 따르겠다고 해서 도전을 결정하게 됐다"라고 했다. 세상에서 가장 중요하게 생각하는 가족과 이미 미국행 이야기를 마친 이대호는 끝내 흔들리지 않았다.

소프트뱅크의 쿠도 기미야스 감독은 "30홈런 100타점을 해주는 이대호가 떠나는 게 아쉽다. 구단도 이대호 잔류에 최선의 노력을 했다. 하지만 꿈의 무대인 메이저리그에 도전하는 것이다. 이대호가 꿈을 향해 가는 것을 응원한다"고 밝혔다. 쿠도 감독은 1982년 프로에 입문해 2010년 은퇴하기까지 무려 29년 동안 현역으로 뛴 살아있는 전설로 통한다. 통산 성적은 224승 142패 방어율 3.45이다. 오랜 선수 생활을 한 그는 이대호가 더 큰 무대를 향해 도전하는 마음을 이해했다. 그래서 아쉬움과 함께 선전을 기원했다.

Chapter 10

큰 그림을 그리고
단계적으로 실행한다

"꿈을 날짜와 함께 적어 놓으면 그것은 목표가 되고,
목표를 잘게 나누면 그것은 계획이 되며,
그 계획을 실행에 옮기면 꿈이 실현되는 것이다."
_그레그 S. 레잇

아놀드 슈왈제네거는 오스트리아 이민자 출신으로 보디빌딩 세계챔피언, 영화배우, 그리고 캘리포니아 주지사에 오른 인물이다. 생텍쥐페리는 "계획 없는 목표는 한낱 꿈에 불과하다"고 했는데, 아놀드 슈왈제네거는 확실한 인생 목표를 설정하고 단계적으로 실행했다.

　어린 시절 아놀드는 빈약한 몸매의 말라깽이였다. 그러나 열네 살이 됐을 때 처음 체육관에 간 그는 최고의 몸짱이 되기로 목표를 세웠다. 그 목표를 달성하기 위해 세세한 계획을 종이에 적었고 사람들에게 공표했다. 주변에서 뭐라고 하는 건 그에게 중요하지 않았다.

　그리고 6년 뒤 아놀드 슈왈제네거는 미스터 유니버시아드 최연소 챔피언에 올랐다. 이후 그 대회 5회 우승과 미스터 올림피아 7회 우승을 거머쥐었다. 명실공히 보디빌딩 세계챔피언이 된 것이다.

슈왈제네거는 보디빌딩 챔피언, 부자, 액션배우, 정치인의 4가지 목표를 설계했는데, 10년 만에 자신과 한 첫 번째 약속을 지켜냈다. 두 번째 목표인 부자는 보디빌딩 관련 비디오테이프를 제작해 백만장자가 되며 이뤄냈다. 보디빌딩을 시작할 때 슈왈제네거의 롤모델은 당대의 보디빌더이자 헤라클레스를 주인공으로 하는 영화에 출연한 레그 파크였다.

나이 스무 살에 미국 캘리포니아로 건너간 슈왈제네거도 보디빌딩의 왕으로 불리며 각종 대회를 석권하며 짬짬이 영화에 조연과 단역으로 출연했다. 그는 영화배우가 될 것이라고 공공연하게 밝혔다. 그러나 미남이 아닌 얼굴, 어색한 영어 발음, 그리고 딱딱한 연기력 때문에 그리 주목받지 못했다.

아놀드 슈왈제네거의 인생작이 된 〈터미네이터〉도 원래 그의 역할이 아니었다. 제임스 카메론 감독은 다른 배우를 염두에 두고 있었다. 그래서 슈왈제네거를 만날 때 별 의미를 두지 않고 "미안하다"라는 말을 준비하고 나갔다고 한다.

그런데 막상 만나보니 그의 독일식 영어 발음과 투박한 움직임이 미래에서 온 로봇에 어울린다고 생각을 고쳐먹게 됐다. '터미네이터'를 철저하게 분석한 슈왈제네거의 열정도 인상적이었다. 총알을 장전할 때 총을 보지 않거나 총을 쏠 때 눈을 깜박이지 않는 건 아놀드 슈왈제네거의 아이디어로 알려져 있다. 그는 이 영화로

몸으로 연기하는 액션배우를 넘어 할리우드 최고 배우가 됐다.

이후 액션영화뿐 아니라 코미디영화에도 출연하며 입지를 넓혔다. 영화배우에 어울리지 않는 외모와 몸집에 떨어지는 연기력. 우리가 흔히 "그 얼굴에 배우 하겠어?"라고 비웃는 대상이었지만, 세계적 스타 반열에 오르며 자신이 설계한 꿈을 실현시켰다.

롤모델을 바라보며
한 단계씩 허들을 넘다

● ● ● "야구선수라면 메이저리그 아닙니까!" 이대호는 늘 최고를 꿈꿨다. 고등학교 졸업 후 미국 메이저리그의 러브콜을 받지 못했지만, 한국, 일본, 미국야구까지 한 계단씩 차근차근 밟았다. 주어진 상황에서 최선을 다했고 기회가 왔을 때 안정보다 도전을 선택하며 다음 무대로 향했다.

어린 시절 이대호는 초등학교 같은 반 친구였던 추신수보다 머리 하나가 더 컸다. 몸집이 큰 만큼 힘이 좋아 주전선수로 뛸 수 있었다. 가정 형편이 어려운 상황에서 야구를 하게 됐고 야구를 통해 성공해야겠다고 마음먹었다. 할머니가 기죽지 말라고 용돈을 조금이라도 더 쥐어주려 했지만, 든든하고 여유 있는 부모가 있는 친구들과는 달랐다.

이대호는 자신이 잘 하는 것으로 성공해 할머니를 반드시 호강시켜드리겠다고 마음먹었다. 그리고 야구회비를 내지 않고 간식거리도 준비하지 못했기에 무조건 다른 친구들보다 야구를 잘해야만 하는 이유가 있었다.

이대호는 고등학교를 졸업하고 고향팀 롯데 자이언츠의 지명을 받으며 프로 유니폼을 입게 된다. 계약금으로는 그 이전까지 만지기 힘들었던 거금 2억 1,000만 원을 손에 쥘 수 있었다. 마음만은 최고 부자가 된 기분이었다. 이대호가 그리는 성공의 첫 시작이었다.

이대호의 롤모델은 여러 명이다. 롯데 시절에는 일본 프로야구 명문 요미우리 자이언츠의 4번 타자 이승엽을 보며 자신의 모습을 투영했다. 일본에서는 경쟁자이며 친구인 추신수의 소식을 바다 건너 접하면서 나도 저곳에서 뛰어야겠다고 마음먹었다.

아마도 야구를 직업으로 하는 선수라면 누구나 가슴속에 메이저리그에서 뛰고 싶다는 생각을 품고 있을 것이다. 그러나 그 선수들이 모두 빅리그에 진출하지는 못한다. 이대호도 KBO리그에서 뛸 때 훗날 메이저리거가 되겠다고 살짝 속내를 밝힌 적이 있지만, 듣는 이들은 고개를 갸웃했다. 쉽지 않다고 생각했다. 타자로의 전향, 수술, 몸무게와의 전쟁 등 그를 옥죄는 장애물은 많았다.

어린 시절의 고달팠던 기억은 제쳐두더라도 프로 생활은 첫 걸음부터 스텝이 엉켰다. 투수로 입단해 어깨 부상으로 타자로 전향해야 했다. 나이 스물에 찾아온 첫 고비였다.

감독은 타자로 전향한 그에게 살을 뺄 것을 강력하게 지시했다. 선수의 출전권을 가지고 있는 감독의 한마디는 거역하기 힘들다. 그러다 탈이 났고 수술대에 올랐다. 재활의 과정은 겪어보지 않으면 알 수 없을 정도로 지겹고 또한 힘들다. 많은 선수들이 재활을 기점으로 탈락한다.

다시 재기할 수 있을까. 고등학교를 갓 졸업하고 프로에 입문한 이대호에게 찾아온 여러 시련은 그를 힘들게 했다. 그럴수록 방망이를 쥔 손에 더 힘을 꾸욱 주었다. 때를 기다리며 인내했다. 그리고 자신을 알아주는 지도자를 만나 기회를 붙잡았고 놓치지 않았다.

승승장구의 시기가 찾아왔다. KBO리그에서 FA 자격을 취득한 이대호는 롯데 자이언츠 잔류가 아닌 일본행을 선택하며 그의 원대한 꿈이 조금씩 실체를 드러냈다. 당시 롯데는 이대호에게 100억 원을 약속하며 고향팀에 남아줄 것을 부탁했다.

2016년까지 국내 프로야구에서 그 금액 이상을 보장받은 선수는 없다. 그러나 이대호가 2011시즌 후 롯데 유니폼을 그대로 입었다면 그때 이미 100억 원을 돌파했을 것이 확실하다. 돈만 따졌다면 이대호가 굳이 낯선 일본행을 선택할 이유가 없었다.

그러나 이대호를 다음 단계로 이끈 힘은 돈이나 명성이 아닌 도전이었다. 아직 경험해보지 못한 미지의 곳에서도 충분히 통할 수 있다는 자신감이 넘쳤고 그것을 실현해 보이고 싶었다. 이대호는 주변에서 뭐라고 하든지 늘 스스로 최고라고 자기 암시를 걸었다.

확실한 목표를 설정했고 단계별로 허들을 넘었다. 과거에 속박 받지 않고 현재에서 미래를 봤다. 이대호는 국제대회에서 꾸준함의 대명사였지만, 스포트라이트는 결정적 순간의 주인공 이승엽에게 돌아갔다. 추신수도 넘어야 할 산이었다. 선의의 경쟁은 이대호가 더 큰 그림을 그리는 데 도움을 준 긍정적 힘이었다. 이대호는 늘 조연이 아닌 주연을 꿈꿨다. 어쩌면 목표 달성보다 그 목표를 향해 걸어가는 과정에서 의미를 찾았을지도 모른다. 그는 목표를 향해 가는 것이 아닌 목표와 함께 갔다.

야구선수로서의
마지막 꿈의 무대를 밟다

● ● ● 영화배우로 성공한 아놀드 슈왈제네거의 마지막 꿈은 엘리트 정치인이었다.

유명인이 되었지만 여전히 어색한 영어 발음에 이민자 출신. 그러나 뜻이 있는 곳에 길이 있는 법이다. 슈왈제네거는 존 F. 케네디 대통령의 조카 마리아 존 F. 케네디와 결혼하며 정치인으로 변신했다. 든든한 백그라운드를 둔 그는 공화당을 통해 정계에 입문해 2003년 캘리포니아 주지사에 당선됐고, 2007년 재임하며 7년 2개월 동안 재직했다. '가버네이터(Governator, Governor+Terminator)'

가 되어 어린 시절 그렸던 마지막 꿈까지 해냈다.

오스트리아의 한 체육관에서 분필로 그날 할 운동 내용을 적으며 자신과의 약속을 지켜나가던 비쩍 마른 아이가 40년 후 마지막 꿈까지 도달했다. 주지사를 마치고 다시 영화배우로 돌아온 아놀드 슈왈제네거는 이렇게 말했다.

"요즘도 과거를 회상하며 혼자 중얼거린다. 어떻게 여기까지 왔지? 현실 같지 않다."

그러나 그는 남들이 비웃는 큰 꿈을 실천하기 위해 노력을 멈추지 않았다. 허황된 꿈이 아닌 현실로 만들기 위해 인생을 세밀하게 설계했고 앞만 보고 걸었다. 그 한 걸음이 모여 천 걸음이 되고 만 걸음이 되어 멀게만 보였던 꿈에 도달하게 만들었다.

메이저리그 도전은 이대호의 단계별 성공신화의 결정판이다.

이대호는 2001년 롯데에서 데뷔해 2011년까지 11년 동안 225홈런을 쳤고, 롯데와 국가대표팀 4번 타자로 활약했다. 2012년부터는 일본 프로야구에 진출해 오릭스와 소프트뱅크에서 중심타자로 2년씩 뛰며 활약상을 이어나갔다.

그리고 소프트뱅크의 수백억 제안을 뒤로 하고 메이저리그 계약이 아닌 스플릿 계약으로 세간을 깜짝 놀라게 했다. 철저히 도전자의 신분으로 늘 꿈꿔왔던 미국행 비행기에 다시 올랐다.

아무리 이대호라고 해도 걱정이 없는 건 아니었다. 꿈을 향해 간다고 큰 소리를 펑펑 쳤지만, 아무것도 보장된 게 없는 미국행이었다. 최악의 상황도 염두에 둬야 했다. 스프링캠프에서 인정받지 못해 다시 한국이나 일본 프로야구로 리턴할 수도 있었다. 아무것도 잃을 게 없다고 스스로 마음을 정리했지만, 자존심만큼은 크게 상처받을 수 있었다.

배수진을 친 이대호는 철저히 도전자 신분으로 돌아갔다. 다시 처음부터 시작이라고 단단히 마음을 먹었다. 주전 자리를 보장받지 못한 출발이었으나, 그런 악조건은 오히려 이대호가 가지고 있는 승부욕과 경쟁심을 불러일으켰다.

메이저리그 도전은 돈에 대한 욕심이 절대 아니었다. 일본에서 많은 연봉을 받으면서 돈에 대한 집착에서는 초연해졌다. 롯데 시절 자신이 요구한 7억 원과 구단의 6억 3,000만 원이 팽팽하게 맞선 것도 돈에 대한 욕심보다는 최고 선수에 걸맞게 대우받고자 했던 자존심 문제였다. 본질적으로 7,000만 원 더 받고 안 받고의 문제가 아니었다.

이대호는 어린 시절 가난했지만, 돈에 대한 열등감은 이미 해소했다. 남은 것은 한국과 일본에 이어 가장 최고 레벨인 미국 정복이었다.

그래서 확보된 자리가 없지만 기꺼이 도전할 수 있었다. 이대호가 아무리 노력한다고 해도 이건희 회장만큼 돈을 벌 수는 없다. 그러나 야구를 통해서는 최고의 자리에 오를 수 있다는 자신감이 있었다. 자기 분야에서 최고로 인정받기 위해 메이저리그는 이대호에게 마지막으로 남아 있는 퍼즐이었다. 야구선수로서의 최고 명예를 선택한 이대호는 스스로를 강도 높게 채찍질했고 초청선수 신분에서 개막전 로스터 합류를 이뤄냈다.

메이저리거가 되었지만, 그에 대한 테스트는 계속됐다. 결승타를 치고 끝내기 홈런을 쳐도 다음날 경기에서 벤치를 지켰다. 플래툰 시스템의 신봉자와 같은 감독의 기용 형태는 날이 선 이대호의 타격감을 충분히 무디게 할 만했다.

대개 타자는 2주에서 보름 간격으로 타격감이 오르내린다. 그래서 감독은 타격감이 올라온 타자가 있으면 하향 곡선을 그리기 직전까지 기용한다. 그러나 이대호는 그런 기회를 가지지 못했다. 아무리 세계적인 타자라고 해도 결점 없는 타자는 없고 늘 잘 치는 타자도 없다. 다 잘 치는 때가 있는 것이다.

이대호의 생존 본색은 그런 최악의 상황에서 빛을 발했다. 주전급은 오늘 못 치면 내일 치면 된다고 생각한다. 그러나 백업선수에게 오늘 못 치면 내일은 찾아오지 않는다. 그런 상황은 타자의 불안 심리를 더욱 가중시키며 타석에서 제대로 기량을 발휘할 수 없게 몰아세운다.

꾸준히 나가는 타자와 달리 들쑥날쑥 나가는 타자 중에 일정한 타격감을 보이는 타자는 없다. 더그아웃에서는 언제 나갈지 몰라 감독의 눈치를 봐야 하고, 한 번 못 치면 자신감이 급락한다. 그러나 이대호는 출격만 하면 한 방을 때려냈다. 아시아에서 온 그는 선수단뿐 아니라 모든 시애틀 팬들이 기대감을 가지며 지켜보는 베테랑 루키가 됐다.

위기를 기회로 바꾼
일주일의 마이너리그행

● ● ●   메이저리그 데뷔 첫 해 시즌 초중반까지 베테랑 루키의 면모를 유감없이 발휘하던 이대호에게 마이너리그행 통보가 떨어졌다. 불규칙한 출전과 손 타박상이라는 작은 부상, 그리고 서서히 떨어지는 체력이 그를 힘들게 했다. 아무리 이대호가 베테랑 선수라 해도 컨디션 조절이 쉽지 않았다. 시즌 초반 맹타를 휘두르던 그도 중반을 넘어가며 슬럼프에 빠졌다. 7월 중반까지 3할 타율을 넘볼 만큼 꾸준히 활약했으나 8월에는 1할대 타율까지 떨어지며 우려를 자아냈다.

그리고 2016년 8월 20일, 이대호는 마이너리그행을 처음으로 통보받았다. 마이너리그 거부권을 가진 김현수와 달리 스플릿 계약을 맺은 이대호는 구단의 지시에 따라야 했다. 그의 거침없는 활약을 보며 태평양 너머에서 힘을 얻었던 많은 팬들의 어깨도 처졌다. '혹시 시즌 후반 메이저리그에서 이탈하며 복귀하지 못하면 어떡하나' 하는 걱정 어린 목소리가 나왔다. 일각에서는 애당초 단

추를 잘못 꿰었기에 그럴 줄 알았다는 탄식도 새어나왔다.

그러나 이대호에게 마이너리그행은 위축이 아닌 재기의 장이 됐다. 그는 시애틀 매리너스에서 시달렸던 플래툰 시스템에서 잠시 빠져나와 트리플A에선 매 경기 출전하며 타격감을 잡아나갔다. 이때도 이대호의 긍정적인 마인드가 그 중심을 잡았다. 그는 트리플A에서 7경기 연속 안타 행진을 이어가며 타율 0.519(27타수 14안타 2홈런)로 활약했는데, 아무리 상대가 마이너리그 투수라는 점을 감안한다고 해도 놀라운 기록이었다.

경기 외적으로도 늘 하던 자신의 루틴도 지켰다. 경기 시작 15분 전이면 늘 더그아웃에서 나와 관중들에게 일일이 성심성의껏 사인을 해주는 모습도 변함이 없었다. 미래를 담보 받지 못하는 기로에 서며 고민이 많았겠지만, 강등이라는 사태에 대해 불만을 가지기보다는 다시 한 번 자신을 추스르는 기회로 삼았다.

마이너리그에서도 이대호는 인기가 높았다. 메이저리그에서 있을 때보다 더 많은 사인을 해주느라 바빴다. 이대호는 "이럴 줄 알았으면 조금 더 빨리 여기로 올 걸 그랬다"라며 너스레를 부리기도 했다. 사람의 진면목은 어려움이 닥쳤을 때 어떻게 행동하는지에 따라 드러나는데, 마이너리그에서 이대호는 자신이 가지고 있는 본보습의 일면을 확인시켜주었다.

이대호의 마이너리그 생활은 길지 않았다. 연일 맹타를 휘두르다 보니 강등된 지 일주일이 지난 8월 28일에 메이저리그로 복귀했다. 그리고 그동안 밀린 숙제를 해내듯 활발하게 안타 생산을 재개했다. 9월에 들어서는 2경기 연속 3안타를 치며 절정의 타격감을 선보였다. 또한 9월 6일 텍사스 레인저스와의 경기에서는 2안타 3타점을 기록하며, 시즌 8번째 3타점 이상 경기를 했다. 당시 기점으로 이는 시애틀 매리너스에서 카일 시거의 10경기 3타점 경기에 이어 두 번째 기록이다. 시거는 이대호에 비해 출전이 보장된 선수다. 대타에서 시작한 이대호의 3타점 기록은 메이저리그 신인 중에서도 2위에 해당하는 기록이다.

좋은 타자라고 해서 시즌 내내 잘 칠 수는 없다. 누구나 슬럼프에 빠진다. 그러나 훌륭한 타자는 슬럼프에 빠지고 위기가 닥쳤을 때 빨리 헤쳐나오는 능력을 가지고 있다. 그보다 더 높은 경지의 타자는 위기를 기회로 바꾸며 확실한 임팩트로 존재감을 각인시킨다. 여기에 역경은 드라마적 장치로 작동하며 긴장감과 몰입도를 높인다. 이대호는 바로 그런 드라마의 주인공에 걸맞은 연기를 펼치며 자신이 해결사임을 보여주었다.

도전하지 않는 것이 곧 실패다

● ● ● 실력으로 메이저리그에서 입지를 다진 이대호가 처음

마이너리그 계약을 했다는 소식을 접한 야구인들은 놀라워하면서도 기대감을 표시하는 아이러니한 모습을 보였다.

박철순은 "이대호가 정말 마이너리그 계약을 했나?"라고 반문하면서도 "이대호가 자존심을 굽혔다거나 한국 간판선수의 위상을 떨어뜨렸다는 생각이 이상하게 안 든다. 이대호라면 뭔가 다를 거 같다"라고 했다.

그러나 로이스터 감독은 "일단 캠프에 들어가 유니폼을 입게 된다면 메이저 팀에게 제대로 된 역량을 보여줄 수 있을 것이다. 결국 그렇게 했고 예상했던 대로 이뤄냈다"고 말했다. 그의 성향을 잘 아는 동료 선수들은 "성공할지는 모르지만, 도전은 할 것이라고 생각했다"라고 했다.

이대호는 메이저리그에 처음 도전하는 시기를 되돌리며 "솔직히 그렇게 어려운 걸 왜 했을까 싶었다. 나도 처음에 고민을 많이 했다. 그래도 생각이 든 게 도전해서 안 되는 건 어쩔 수 없다는 거였다. 단 도전하지 않으면 실패라고 생각했다"라고 밝혔다.

이대호는 30대 중반에 한국과 일본에서 부와 명예를 누릴 만큼 누렸다. 더 이상 하지 않아도 될 만큼 충분히 해냈다. 그러나 마지막 꿈에 도전했다.

이대호는 출사표를 던지며 이렇게 말했다.

"내가 느린 건 사실이다. 하지만 메이저리그에는 비슷한 유형의 선수들이 많다. 나는 야구하면서 외부 평가에 대해 의식하지 않는다. 최선을 다해 내가 가진 실력을 보여주면 된다. 누군가에게 평가 받으려고 야구하는 건 아니다. 내가 사랑하는 야구를 잘 하고 싶고 프로선수로서 잘 하는 게 의무이기에 할 수 있는 최선을 다하는 것이다. 내가 수비 능력으로 메이저리그에 도전하는 것도 아니고 지금껏 빠른 발을 앞세워 돈을 번 것도 아니다. 방망이 하나로 한국과 일본을 거쳐 미국까지 왔다. 한국, 일본, 미국. 야구는 다 똑같다. 다만 스타일만 다를 뿐이다. 나에 대해 평가와 예측은 삼가 달라. 야구에 만약은 없다. 붙어봐야 알 수 있다. 메이저리그 출신이 한국에서 홈런 30개 치고 10승 이상 거둔다는 보장이 없는 것처럼 말이다."
_ 이대호 인터뷰 중

이대호는 여러 불가능을 뚫고 우뚝 섰다. 도전하지 않으면 실패할 일도 없지만, 이대호는 도전을 멈추지 않았고 한미일 야구를 모두 평정하고자 도전하는 위대한 선수의 길을 선택했다. 박수 받아 마땅하다. 그리고 우리가 잊지 말아야 할 것이 하나 더 있다. 그것은 바로, 바늘구멍을 뚫은 그의 화려한 메이저리그 성공담보다 초심을 잃지 않고 도전을 선택한 그의 용기와 진정성이다.

나만의 필살기

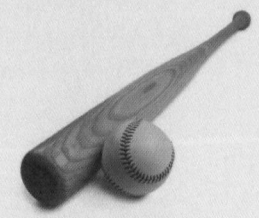

자신감으로 똘똘 뭉친 이대호가 인사이드아웃 스윙이 내재된 방망이로 한미일 야구를 모두 정복한 것처럼, 성공한 사람은 무림의 고수처럼 자신만의 필살기를 가지고 있다.

세계적인 쿵푸스타 이소룡은 '절권도'라는 자신만의 무술을 창시했다. 그는 짧고 간결하지만 타격에 집중한 이 무술로 브라운관을 누볐다.

"세상 사람들이 축구는 몰라도 베컴은 안다"는 말이 유행할 만큼 잘생긴 외모에 매너까지 겸비한 베컴은 자신의 일대기를 다룬 각종 서적에 영화까지 제작될 만큼 인기를 누렸다. 인기그룹 스파이스걸스의 멤버 빅토리아와의 결혼도 세간의 화제를 뿌렸다. 그러나 그를 세계적인 스타로 만든 것은 외모나 결혼이 아닌 '택배 크로스', '마법의 프리킥' 등으로 불린 날카로운 패스 능력에 있었다.

메이저리그 투수 랜디 존슨은 100마일을 넘나드는 광속구로 한 시대를 풍미했는데, 그의 전매특허는 '빅 유닛'이라는 별명처럼 208센티미터의 큰 키와 긴 팔에서 뿜어져 나오는 빠른공과 슬라이더였다. 위압적인 풍채만으로 타자를 벌벌 떨게 만들었던 그는 빅리그에서 303승 166패(승률 0.646)에 방어율 3.29의 뛰어난 기록을 남겼다.

반면 신장 182센티미터의 그렉 매덕스는 랜디 존슨처럼 강속구를 가지고 있지 않았지만, 최상급 제구력을 앞세워 메이저리그에서 355승 277패 방어율 3.16을 작성했다. 그는 17년 연속 15승 이상을 기록한 유일한 투수이고 1992년부터 1995년까지 4년 연속 사이영상을 수상했으며, 골든글러브를 18차례 받았다. 사람들은 그를 향해 제구력의 마술사, 또는 아트 피처라고 불렀다. 그의 필살기는 바로 칼날 제구였다.

일반인도 필살기로 불릴 수 있는 자신만의 비법을 가지고 있다면 그만큼 강력한 재산이 없다. 평범한 직장인이라고 해도 남들이 가지지 못한 전문적인 기술이 있다면 그는 평생 현역으로 버틸 수 있다. 먼저 인생을 산 부모나 교사가 아이들에서 전문적인 기술을 가지라고 조언하는 이유다.

인류 역사상 가장 넓은 제국을 건설한 칭기즈칸의 정복 비결은 하루에 160킬로미터를 달리는 기마부대에 있었다. 기병 한 명이 5~6필의 말을 끌고 달렸는데, 그 말은 이동수단이며 식량이었다. 보급부대가 필요 없는 몽골기병은 유럽을 넘어 러시아까지 수중에 두었다.

그런데 필살기는 꼭 기술에 한정되지는 않는다. 칭기즈칸은 저항하면 도륙했지만, 충성을 맹세하는 민족에겐 아량을 베풀었다. 그리고 그들의 종교와 사상까지 포용했다. 칭기즈칸의 진짜 비법은 관용의 정신이었다. 칭기즈칸은 전쟁고아를 자기 자식으로 삼았을 뿐만 아니라 심지어 적장의 아기를 밴 만삭의 아내까지 다시 안았다. 그리고 그 아이가 태어나자 자신의 아이라고 공표했다. 또한 훌륭한 인재는 인종과 국적과 그리고 출신을 막론하고 영입하는 관용을 베풂으로써 인류 역사상 가장 넓은 영토를 지배할 수 있었다.

나오며

오늘도 꿈을 향해 타석에 들어서는 이노베이터 이대호 선수에게

한 음악 프로그램에서 걸그룹 아이돌 멤버들이 노래 경연을 펼쳤는데, 선곡 주제는 각자에게 힘을 준 노래를 뜻하는 '파이트송'이었습니다.

6개 아이돌그룹에서 각각 1명씩 6명이 힘든 긴 연습생 생활을 이겨내게 한 노래를 불렀는데요. 어린 나이에 수없이 많은 경쟁을 치르며 지쳐 있을 때마다 불렀던 노래라서 그런지 판정단과 많은 관객이 소녀들의 진실하고 호소력 짙은 목소리에 공감하는 모습이었습니다. 1위는 걸그룹 소나무의 민재가 차지했는데, 그녀는 마야의 '나를 외치다'를 열창했습니다.

새벽이 오는 소리 눈을 비비고 일어나
곁에 잠든 너의 얼굴 보면서

힘을 내야지 절대 쓰러질 순 없어
그런 마음으로 하루를 시작하는데

꿈도 꾸었었지 뜨거웠던 가슴으로
하지만 시간이 나를 버린 걸까
두근거리는 나의 심장은
아직도 이렇게 뛰는데

절대로 약해지면 안 된다는 말 대신
뒤쳐지면 안 된다는 말 대신 오~
지금 이 순간 끝이 아니라
나의 길을 가고 있다고 외치면 돼

　민재는 자신이 부른 노래에 대한 사연으로 "부산에서 서울로 올라와 4년간 죽기 살기로 열심히 했습니다. 그런데 데뷔 초반에 관심 살짝 주셨다고 바로 싸늘해지는 게 되게 마음이 아팠습니다. 그래도 가수의 꿈을 포기한 적은 없습니다. '나를 외치다'를 선곡한 이유는 가사 하나하나가 내 심정인 것 같았기 때문이에요. 날 외치고 보여드리고 싶습니다"라고 말했습니다.
　그 소녀는 지쳐버린 자신의 어깨가 초라해 보이지만, 앞만 보고 달려가자고 열창했습니다. 그리고 뒤쳐지면 안 된다는 말 대신,

지금이 끝이 아니기에 여전히 나의 길을 가고 있다고 외치며 당당하게 1위를 차지했습니다.

세계적인 자기계발서 저자인 맥스웰 몰츠는 "극복할 장애와 성취할 목표가 없다면 우리는 인생에서 진정한 만족이나 행복을 찾을 수 없다"고 했습니다. 어린 나이에 부산을 떠나 서울에서 연습생 생활을 하며 꿈을 키운 민재나, 최고의 선수이지만 안정이 아닌 스스로 난관을 선택한 이대호에게 도전의 의미는 같습니다. 목표를 세우고 이를 향해 노력하는 열정 자체가 도전이기 때문입니다.

혁신의 아이콘, 도전의 아이콘으로서 우리에게 많은 드라마를 보여주는 이대호 선수가 앞으로도 묵묵히 자신의 인생을 헤쳐나가 더 큰 꿈을 이룰 수 있기를 바랍니다.

조선의 4번 타자, 이노베이터 이대호 선수!

파이팅입니다!

감사의 글

책을 쓸 때면 늘 아내 이주화와 딸아이 예린이에게 고마움을 표시했는데, 이번에는 모든 이에게 감사를 전하고 싶습니다. 나와 연결되어 있는 모든 이들은 내가 살아가면서 행동하고 결정하는 데 영향을 줍니다.

인디언의 인사말 중에 '미타쿠예 오야신'이라고 있는데요. '우리 모두는 서로 연결되어 있다'라는 의미입니다. 우리는 나무처럼 세상에 홀로 서 있는 것 같지만, 지면 아래에서는 서로의 뿌리가 얽혀 있는 존재입니다. 나와 연결된 모두에게 고맙습니다.

그리고 혁신이라는 영혼의 느낌표를 찍어준 빅보이 이대호 선수에게도 감사 인사를 전하고 싶습니다. 삶의 어려움에 봉착했을 때 한 발 뒤가 아닌 한 발 앞으로 나아갈 수 있게 용기를 주었습니다.

※ 이대호 선수 한·일 프로야구 통산 성적(출처 : 위키백과)

연도	소속	나이	출장	타석	타수	득점	안타	2루타	3루타	홈런	타점	도루	도루실패	볼넷	삼진	타율	출루율	장타율	OPS	루타	병살타	몸맞	희타	희고
2001	롯데	19	6	9	8	0	4	0	0	0	1	0	0	1	2	.500	.556	.500	1.056	4	0	0	0	0
2002		20	74	281	255	27	71	19	0	8	32	1	0	19	66	.278	.345	.447	.792	114	6	7	0	1
2003		21	54	173	152	8	37	6	0	4	13	0	2	13	37	.243	.328	.362	.689	55	3	6	2	0
2004		22	132	514	444	52	110	26	0	20	68	4	3	38	78	.248	.331	.441	.772	196	21	20	6	0
2005		23	126	512	447	53	119	16	2	21	80	1	0	47	76	.266	.354	.452	.805	202	12	15	0	4
2006		24	122	499	443	71	149	26	0	26	88	0	1	39	55	.336	.409	.571	.980	253	11	16	0	1
2007		25	121	514	415	79	139	21	1	29	87	1	0	81	55	.335	.453	.600	1.053	249	9	13	0	5
2008		26	122	527	435	73	131	23	0	18	94	0	1	62	56	.301	.400	.478	.879	208	9	18	0	12
2009		27	133	549	478	73	140	28	1	28	100	0	0	51	65	.293	.377	.531	.908	254	13	16	0	4
2010		28	127	552	478	99	174	13	0	44	133	0	2	61	77	.364	.444	.667	1.111	319	15	10	0	3
2011		29	133	570	493	76	176	26	1	27	113	2	0	63	60	.357	.433	.578	1.011	285	22	8	0	6
2012	오릭스	30	144	601	525	54	150	25	2	24	91	0	2	64	85	.286	.368	.478	.846	251	18	7	0	5
2013		31	141	593	521	60	158	27	0	24	91	0	0	64	80	.303	.384	.493	.878	257	20	6	0	2
2014	소프트뱅크	32	144	625	566	60	170	30	0	19	68	0	3	46	97	.300	.362	.454	.816	257	18	10	0	3
2015		33	141	584	510	68	144	30	0	31	98	0	1	62	109	.282	.368	.524	.892	267	17	9	0	3
KBO 통산 : 11년			1150	4700	4048	611	1250	204	5	225	809	9	9	475	627	.309	.395	.528	.924	2139	121	129	8	40	56
NPB 통산 : 4년			570	2403	2122	244	622	112	2	98	348	0	6	236	371	.293	.370	.486	.859	1032	73	32	0	13	7